本性相見歡

02

放過自己 海闊天空

禪和尚 本性 著

目錄

我的僧涯，該留下點什麼？〈代序〉

《佛說四十二章經》的第一章有語：「辭親出家，識心達本，解無為法，名曰沙門。」明朝憨山大師在《夢遊集》中，引用了該語，直指做為出家沙門，離欲為第一行。認為，如心醉五欲，便無法出離。那樣，便是外欺其人，內欺其心。這教示很震撼我。

比丘本性，一九六五年出生，一九八五年剃度。由於根機淺薄，悲智難運，福德難俱，一直在學修的路上，進退失據。由於常駐過一些叢林、院校，有些同參與同學，知道他們學修日進，左右逢源，我是相當的羨慕，同時，也非常的汗顏。為此，我每天於晨起立願，發下當天與未來之誓，自我加持，祈諸佛菩薩加被；更於入睡前省思，反省、自省、慚愧、懺悔當天與過往的過錯。

本人恩師明暘長老，生前對本人有兩大期許，一是期望本人做個悲天憫人的僧人，二是期望本人做個解行並進的僧人。一直以來，比丘本性以此做為僧涯座右銘。

諸法因緣生，諸法因緣滅，我師大沙門，常作如是說。本性自知，於大千世界，萬象人間，自己只是一隻螞蟻，或一隻蜜蜂，或一隻飛蛾。緣木過河，向花而去，甚至赴火。生命瞬息，而且渺小。只是，我也很欣慰，乃至很知足。畢竟，如蟻，努力著，冒險著；如蜂，追求著，夢想著；如蛾，奉獻著，犧牲著。

佛陀說，如是因生如是果。無論聖賢還是愚夫，走過就有足迹，做過就有痕迹。平凡如我，我的僧涯該留下點什麼？我是一個僧人，我是一介書生，依著我的本業，我的本份，我想著，我或許還可以留下一些文字，記錄這個時代的僧人，記敘這個時代的自己。

比如，我自己，我的出家，我為沙門，我為了什麼？想做些什麼？自己總結一下，就是：倡導心靈非暴力；致力以佛心導正人心，回歸信仰，以佛道輔正世道，重建道德；弘揚慈悲、智慧、忍讓、包容、自省、懺悔、中道、圓融、和合、共生；專注心靈修證、心靈文化、心靈教育、心靈慈善；宗於中華禪；踐行南北傳佛教交融，東西方文明對話；促進重返佛教軸心時代，再現佛陀榮耀時光；推動全球倫理構建；實現苦難的拯救，煩惱的解脫。

為此，剃度以來，教務之餘，延續出家前的愛好與習慣，喜歡讀些書與寫些文章。雖然，這些拙作的思想與水平，連我自己都不敢恭維。可是，因緣所在，性情所致，所以，也就有慚有愧，卻無怨無悔，陸陸續續，將之輯錄於此，做為本人感恩、敬畏、自省、結緣之人生的一個部分，不求與舍利同輝，不惜與書本同塵。

比丘本性
序於福州芝山開元寺靈山堂

輯壹

禪旅之路

01

放過自己

放過他人不易！

放過自己更難。

二十年前，已嘗試放下與他人的恩怨，

今天，卻還和自己糾纏。

當年，嚴陽禪師與趙州禪師有一段對話：

嚴陽：修行路上，拋捨一切後，下步該怎麼走？

趙州：放下。

嚴陽：已經兩手空空，還要我放下什麼？

趙州：放不下，就挑起吧！

放下是一種境界，不是一種方法。如是方法，人人可以掌握。

三十七世趙州從諗禪師

因是境界，就非人人擁有。

曾有人說，放下了，就剎那花開。那麼，亦可說，放下，就剎那微笑了。

我很機械，這緣於我低劣的智慧。在我的印象或感知中，放下，就是放下包袱、捨下擔子；就是隨緣、方便；就是看開點、捨得點；就是慈悲些、包容些；就是看淡點名利財色、看破點生老病死；就是安心些、寂然些；就是封閉六根、斷絕六塵；就是粉碎煩惱的鎖鏈、拆解開那十二因緣；就是不要綁了自己、丟了自己，而要做回自己、找回自己。

許多時候，我們不是這樣。

我們被欲望左右，我們被執著偽裝。於是，我們不知自己是誰，不知誰是自己。我們一生的被描述決定於墓碑與悼詞，而寫悼詞與墓碑的，卻不是我們自己。於是，我們只是一個動態的角色，而不再是自己的主人，我們永遠都只是他者的代名詞。小時候，我們是誰的兒子；接著，是誰的學生，誰的員工，誰的丈夫，誰的父親；然後，可能是誰的爺爺，甚至，成了誰的仇者與敵人。儘管，有的時候，我們裝模作樣，我們裝腔作勢，我們裝著我們是自己的樣子。

可見，放下別人有多不易，放下自己有多艱難。

如果，追求放下，之於我們，如是這般。那麼，我們不如就依了趙州禪師：「放不下，就挑起吧。」以挑起，替放下；以挑起，促放下；以挑起，為放下。

曾經，道濟禪師遊戲僧俗，有人到方丈處進言，要求方丈給予制止。方丈說：「佛門這麼廣大，難道容不下一個顛僧嗎？」進言者一聽，無語。

據說，慧可大師即東土禪宗二祖，在傳法給三祖三十年後，便隱身佛門，混迹市井人群。有時現於街頭巷尾，與人清談；有時現於商鋪農舍，與人幹活。個別識之的人問他：「師父，你是高僧，為何如此？」二祖慧可禪師說：「我自調心，關你何事啊！」

我很好奇，這是放下呢？還是挑起？

記得，廓庵師遠禪師有偈語曰：「忙忙撥草去追尋，水闊山遙路更深，力盡神疲無處覓，

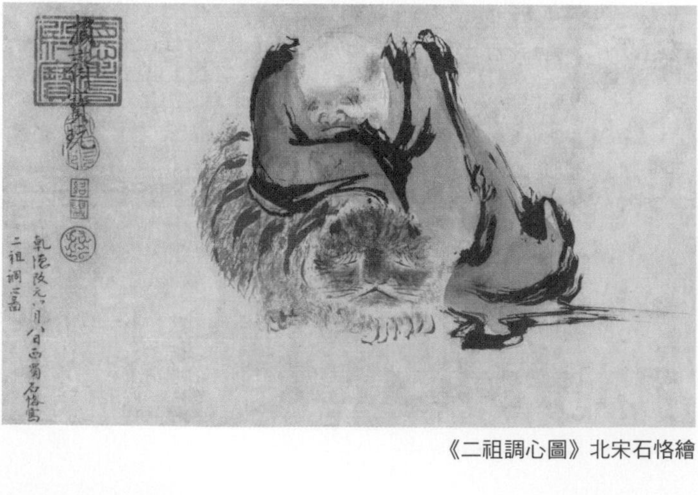

《二祖調心圖》北宋石恪繪

但聞楓樹晚蟬吟！」此是他的《十牛圖》之尋牛篇。是啊，何處尋牛？尋牛何處？本就無牛可尋，因為，本就無牛！在這世間，本來就沒有什麼可以放下的，也沒有什麼可以挑起的，我們不必老背著船過河，我們更不必過河了還老背著船。現在，我們已經在做這事，我們已經在了這裡，我們的心的方向，就是我們的方向，隨著我們心的方向，我想，我們就會遇見我們可愛的自己。

遇見自己，就是放過自己！

放過自己，必放過他人。

02

眾善奉行

恩師科班出身，為其愛徒取名，亦大有學問。

比如吧，小名本性，即為恩師所取。恩師說：一取儒家思想。儒家說，人之初，性本善。本性即善。二取佛家精神。佛家說：識自本心，見自本性，即名丈夫、天人師、佛。本性即佛。

橫觀縱觀佛家家底，想來想去，確實，一個善字，最為了得，應為佛家看家功夫，壓箱珍寶。這從佛教定義上，

亦可看出——

「諸惡莫作，眾善奉行，自淨其意，是為佛教。」

佛家如何理解善呢？自利利他為大善；害人害己為大惡。

其實，善為普世價值，非佛家獨倡。善字，從其古字形，是從羊，吉祥義。儒家就勸人，要擇善從之，不善改之。更把孝作為至善。道家則說：善者，人敬、天佑、福祿隨、眾邪遠、神靈衛之。西方的蘇格拉底則認為：美德就是善，善是至高無上的宗教。

佛教對善，除倡之外，更重於行。善不行，就談不上善。為善，高僧大德皆說，要默默地做，這樣功德更大。為善無近名也。儒家要人勿以善小而不為。佛教眼裡，善無大小。一花一世界，須彌納芥子。惟虔是功，惟誠是德。肩挑百擔，或許，才登天堂門口，而手提半斤，也許，已經登堂入室。

說實在，這世間，需要我們行善的地方很多，我們實在無法一一都行。但起碼身邊的，我們要先去做，把其做好。曾經，有位善人，善名很大，於其小鎮，他竭盡財力，施醫送藥，治病救人。有個外鄉人，聽到此後，很感動，想捐金百萬。但為證實一下善人的名副其實，他就於善人某日必過的路上，裝成渾身惡臭的乞丐，奄奄一息於路邊。這善人見到他後，停下腳步，但稍一遲疑，便又走開了。這樣，這外鄉人便把背在身上的萬金又背了回去。

做善事，並不是永遠都有機會的。人生很短暫，為此，為善要有緊迫感，碰著遇著機會就做，早做，做了一件是一件，別挑挑揀揀，或等等待待。

古人常常千金買鄰，認為遠親不如近鄰。什麼是我們的最好的鄰呢？那就是善。只要鄰於善，近於善，那就安全了，純淨了，進步了。這也是，佛門把追隨者叫作善信、善男信女，把其法叫做善法的原因了。

佛家說，一念善即善，一念惡即惡。善人善相，因為相由心生。善，善心，能感應一切善法。就如：人為善，福雖未至，禍已遠離；積善之家必有餘慶；善有善報；等等所言。

平時，信眾厚愛，常索題拙墨，我常以上善若水、為善最樂、止於至善、與人為善等書贈。因為我認為，這些句子是對佛家崇尚於善、修行於善的最好注釋了。

願大家，做個善的人；願人間，成個善的世界。

03

心靈不暴力，靈性要回家

心靈不暴力，
靈性要回家。
人類是路的動物，更是家的動物，宜路上跑，更宜家中住。
小時候，生活在鄉間，常與小動物為伴，發覺牠們雖小，卻都苦心地經營著牠們的家，雖然，也常奔波於路上。小鳥有鳥巢；小蜜蜂有蜂巢；小螃蟹有蟹洞；小海螺有螺殼。這給了我一些小啟示。
人是動物，這是無疑的。動物是要有家，是該安家，是須回家。家是和與安，家是靜與穩。家雖不代表人生的方向，卻是人生的歸宿，終極的點。有時，我們會不知家的方向，也因此不知通往家的路，但我們從來不因此就散失了對家的天然牽念與嚮往。有人忘了家，迷了路，真的，那是暫時的，被動的。有人無家可歸，那是悲慘的，辛酸的。有人有家歸不得，那是可憐的，不幸的。有人有家不肯回，那是因為他斷了家的臍帶，但家還在等著他。

我作為路上的動物，我體會到漂泊路上的幽怨。以路為家，那是人生之苦之累呀。在路上，白天的風雨，夜晚的黑，雖然有爬山涉水的壯懷，有喝雲飲露的清雅。

有時候，在路上，我會想，家是什麼？是別墅嗎？是賓館嗎？飛機與輪船是家嗎？還是骨灰罈與墓？雖未找到答案，卻有了一些體悟。

想想，家，不是家。家，又是家。家，不在地上，又在地上。不在人間，又在人間。不在天上，又在天上。原來，家是心靈，家在心靈。家是靈性，家在靈性。心靈才是家，靈性才是家。心靈才有家，靈性才有家。

祖師說：人性，就是佛性；佛性，就是本性；本性，就是人性。

因此，佛性，一定是家！本性，本來是家！那麼，人性，也是家啊。我愛我家，雖然，我還奔波在回家的路上。

04

心靈禪源

禪源正祖脈，代有妙傳承。

《楞嚴經》說：汝之心靈，一切明了。

何為心靈？這指心與靈的有機體。心，代表心靈。靈，代表靈性。心與靈的有機體，是信息場、能量場、精神場、生命場、終極場等等。

在這，心靈，我謂之世俗化概念。靈性，我謂之宗教化概念。境界上，心靈是初中級階段，靈性是高終級階段。

《六祖壇經》說：識自本心，見自本性，即名丈夫、天人師、佛。

這本心，就是心靈；這本性，就是靈性。或者說，這心靈就是本心；這靈性就是本性。

禪門多宗師，或於菩提樹下，或於洞窟之中，妙高臺上，明心見性。那麼，他們明何心？就是「應無所住、而生其心」的心，是以心傳心、以心印心的心，即明本心、明心靈也。那

麼，又見何性？即見本性，見靈性也。本性乃自性，自性實人性，人性為佛性。這明心見性，實際上，就是《楞嚴經》所云的：汝之心靈，一切明了。

汝之心靈，一切明了。這是宇宙真相，亦為心靈禪源。進入這種時空、境界，就是萬法歸一，一歸心靈；就是頓悟了本來面目，徹見了生命實相；就是心靈遍照，法界光明；就是證入正法眼藏，契入涅槃妙心。

心靈禪由斯而出，是為大事因緣，實為微妙法門。

「有王者興，必來取法；雖聖人起，不易吾言。」

邑之前賢嚴復故居廳堂有此對聯。

心靈禪，禪源正脈，代有妙承。只是於某些時空，因緣不濟，彰而不顯。而今，轉輪王者出，釋迦道者宏。淨宗為我佛之口，禪宗為我佛之心。傳佛心法，承佛心印，正其時也。

05

人生之福

中國字，真的很有意味，甚至可說傳奇。

你看福字，一看便知其義，便知要說什麼。

福字，它的構成是：衣、一、口、田，即一個人，有衣穿，口有吃，有田種，就是福了。有福，當然幸福了。

許多人把福與大權、

大財、大名，甚至大帥哥與大美女聯繫在一起，其實未必。財權名色，要取得之、使用之、好結局，不管從哪個環節看，都須付出巨大代價。歷史的如你不信，可看今天仍在示現的。富豪、高官、明星……破產、坐牢、自殺……就是例子。

我很羨慕一些地方的生活方式，如不丹，講究幸福指數的增長甚於國民經濟。所在行業的關係，我也認識不少高官、富豪、名人乃至帥哥靚女，似乎，他們生活得、工作得並不快樂。他們所謂的快樂，多來自對權力、金錢、名氣、靚麗青春的揮霍。而這揮霍，豈能獲得真正的快樂？快樂是內在的，而不是外在。揮霍的所謂快樂，充其量只是一種外在的虛榮的滿足，而不是真真正正發自內心。

叔本華曾把人生看成痛苦與無聊，我有一半認同他的看法。對財色名權的熱衷，必然要去追求。佛法說，八苦中，有求不得苦。追求不得便要痛苦啊。追求到了，又怎樣呢？凡心永遠無法滿足，永遠無法停止索取。舊的追求到了，新的欲望、目標又驅使毫無節制地去作新的攀登。有些人會知足些，追求到了什麼，便想好好享福一番。當他今享明享後天享，不斷重複著時，他又感到鬱悶了，無聊了。無聊本身也是一種痛苦啊！

漫浸佛法二十多年，對福的理解與體悟，讓我日又一日地變得輕鬆起來。曾經，我也緊張，無論是身體還是心靈，為了佛教，也為自己。

在我看來，有福的人多是悠閑的人，悠閑的人多是有福的人。人生很短，更脆弱。每年，我都看到熟悉的人，或走了，永遠地走了，或白髮一年一年地增多；或病痛，去年無，而今年有了，那麼，明年呢？而導致的原因，很大一部分，是因為太忙、太累，心與身。其實，人生在世，平安，就是福了；健康，就是福了；有朋友，有親人，就是福了；有合適的愛好興趣，能夠樂於這愛好興趣之中，就是福了；能與自然產生共鳴，有條件讓自己經常與自然結緣，就是福了。如果，因為宿具慧根，有了宗教之心，有了信仰，不僅過著學習、愛情、工作、事業的生活，更過著宗教上的求真、求善、求美的信仰生活，那就更是福了。

而這些福，今天，不在遠方，不在天堂，更不可能在地獄，它就在人間，就在我們這個世界上，就在這片森林、大海、城市、梯田、小道之中。

福，是人人嚮往的，那就讓我們做悠閑的有福人吧。幸福，就在這悠閑中。

06

覓幽靜心鼓浪嶼

佛陀說：萬法唯心。

我想，把鼓浪嶼放在心內，那太甜、太豐滿；把鼓浪嶼放在心外，則太不捨、太難忘。

七月，在鼓浪嶼，驕陽似雪。法雲上人，吾鄉友也，應其誠邀，我於斯時斯地，過了一晝一夜，而感受到的她的故事，則如一千零一。

琴聲，據說，是鼓浪嶼的靈魂。因我是樂盲，無法用耳朵去感受。為此，我只能用此心，以心去傾聽。其樂是海浪、是古建築、是礁岩、是花樹，是老人的拐杖、嬰兒的腳步，是那輪船悠長悠長的安眠曲。

我入住的是座小築，青藤爬滿牆，小潭之水階前澤。一張琴，一壺水，一杯茶，一本書，一爐香。於陽臺之上，我獨坐著，既不止靜，也不懷想。呆之一字，恰如其狀。

我不是一個好動的人，但也不是一個好靜的。我喜歡且行且停，像書畫、像太極、像瑜

伽、像禪。我欣賞慢文化，但我也敬佩快文化。我迷戀於走路，用我的雙腳；可無論怎樣，我也不會反對你去乘車，甚至坐飛機。就如：我喜歡席地而坐，可我也不討厭你高高地坐在椅子上，還要背倚著。我想，我的人生，快樂於隨緣，愉悅於悠閑，就如這鼓浪嶼一樣。

白天的鼓浪嶼，其實有些熱鬧，甚至可說喧囂，因為遊人多了。這也更加突顯了她於夜間安謐的難得。在那，我居之的清夜，風中有海的香味，有花的香味，有小夜曲的旋律，有梵音的旋律。旋律無聲，卻在我的心間彌漫縈回。一芒鞋、一佛珠、一袈裟，羸弱的路燈下，借著天上的星光、海上的水光、空中的雲光、胸中的心光，我徐行於百年老樹老屋之間，百年舊石舊塵之上。路，細細的；巷，似乎也綿綿的。站在一個交叉的路口，我忽然想到：人生，我如果此時此處，與你分手，那麼，何時何地才能重見。也許，下個路口，就能相逢。也可能，互行互遠，再也不會相見。人生，總是給人這麼的充滿期待又那麼的無奈。

記得朱自清說：「燕子去了，有再來的時候；楊柳枯了，有再青的時候；桃花謝了，有再開的時候。但是，聰明的，你告訴我，我們的日子為什麼一去不復返呢？——是有人偷了它們罷：那是誰？又藏在何處呢？是它們自己逃走了罷：現在又到了哪裡呢？」

也因此，我們於生命的路上，時常總是想著放下，停住，卻又那麼莫名其妙地邁開步子，繼續前行。

曾經讀雜書時，見有一語：聞香識女人。那麼，我們又以什麼識廈門的鼓浪嶼呢！

07

文緣與佛緣

古人說：板凳寧坐十年冷，文章不寫一句空。對此，我是深感認同。也一直作為座右銘，落實到人生中，獲益良多。

記得少年時，文化大環境不是很好，但之於我，小環境還是尚可。雖是鄉野小孩，卻有學上，有零錢購些自己喜歡的書和雜誌，有關愛自己的好老師。住地不遠處就有駐紮部隊的簡易圖書館，今想來，雖書不多，但對當時的我，卻已是書山以及資訊之海了。尤其是，早年就在省外漂泊的身體欠佳的叔叔，收藏著一些中國古典名著。他視藏書如至寶，如命。我經常向他借來，於如豆之光的油燈下投入地閱看。這些書給了我一個從未曾有的精神世界。進入初中後，條件又有所改善，有了更專業的老師，可以看到、訂到更多深具時代性的雜誌，買到、借到更多的古今中外的名著，包括詩歌類、小說類。也因此，讓我文之視野有所開闊。後來，愛好上了文學，試著去學寫，去創作。覺得，只有與文結緣的人生，才是豐實而有意義的人生。至高中及其後，於當地的小報、小刊，發表了一些小作品，如在霞浦縣的《新松》上，在寧德地區的《三角帆》上。這種愛好的慣性，一直延至如今——人到中年。

古人又說：文以載道。

與文結緣後，自認為還是比較勤奮的，天天埋頭於書本中，即便是學校放假，也是如此。為此，家長有些擔心，擔心我會變成完全不知世事的書呆子，或讀書讀傻掉。

勤奮不是成功或成就的階梯。要達到這步，尚需靈氣。天生原因，我靈氣不夠，所創作品無法達到一定的藝術技巧與思想深度。投出的信件，屢被刊物退回。為此，有些苦悶。

偶然機會，於霞浦某寺，見到一本中國佛協出的《法音》，其為佛教刊物。從中，讓我第一次瞭解到佛教還有那麼多、那麼好的哲理、理論、學問。此前，也隨家人或親戚去朝拜寺院，但都只知佛與菩薩是為善止惡的，是保佑人的，卻不知還有那麼多富有深度、廣度、

高度的內涵。其為我展示了一個從未曾知的思維方法、看問題的角度、生活的方式、歸宿的去向。也因此，讓我明白了一點，文要載道，否則，只作文字的堆集，無病呻吟，或只重技巧，便無靈魂，無多少意義。因此，豁然開朗，感覺看到天開一條縫，陽光進來了。而這佛學、佛教，便是最大的道了。

從此，興趣上了佛學。最終，迷上了佛教。迷上之後，我才知道，霞浦古來就是個佛教氣氛濃郁的地方，不乏高僧現世，如中國佛教溈仰宗的創始人，就是霞浦人，叫靈祐，唐代時，出家於霞浦建善寺。日本佛教真言宗的創始人空海，唐代時就漂著於霞浦，由赤岸登陸，與霞浦結下不解深緣。他們之於佛教、之於社會、之於所處時代、之於今天的世界，其功不朽，足以為我榜樣，足具強大的力量，牽引著我踏著他們的腳步，效法前行。

霞浦留雲寺

08

古城的石頭路

想起來，很可笑。可笑我早年的無知。我原一直以為，麗江就是瑞麗。直至在國外讀書時，有次看雜誌，文中介紹楊二車娜姆，才明白，原來，不是那麼一回事。

麗江，至今，給我的最深印象，便是前面提到的這個摩梭女人，以及納西古樂與石頭路。

那石頭路，近日，我有緣走過。每踏足一步，我就想，我重疊了多少

古人的印迹。那印迹，他們留下的，或聖者，或土皇帝，或行進茶馬古道的商者，或寨上的無名男女……，但今天，屢經歲歲年年的水沖雨刷，早已沒有了絲縷的印痕。他們所謂的榮光、恥辱、尊貴、低賤、貧與富、恨與愛，皆已隨著玉龍雪山的融水，了無所踪，不知去了哪裡！

這讓我想起了佛陀的教言。他說，世間是無常的，一切的所有形與相，都是虛幻的，即使生了，也不實，都將一閃而過。他說，能夠留下來的，也就是一些業與果，這些才是世間的真相，不可磨滅，如影隨形。

站在四方街，觸目的都是旅者。我無心想像古時的相類景象。我好奇的是今人如此熙熙攘攘地到此的所想所思，以及為了什麼？

我是一個被稱呼的禪者，我也像大家一樣，熱衷於行旅四方。每當看到大家以苦為樂或以樂為苦，遊走在山水樓人之間，我也就想，我的行旅又為了什麼？

一直以來，我崇拜玄奘，他懷著滿腹的經綸，不斷地遊方，我們叫之參訪。遊方的人很多，我為何獨宗於他？因為，他在遊方時懷著信仰，他為信仰而遊方，他把遊方與信仰有機地融在了一起，因此，他成了一尊遊方的聖像，煥發著人性與良知的光芒。

唐玄奘西天取經

馬可波羅（義大利熱那亞Doria-Tursi宮的馬賽克壁畫）

我也非常敬仰馬可波羅，他滿懷著勇氣，闖蕩世界，探索未知，著力超越，追求夢想，延伸生命的極限，成為時代先鋒。人類的尊嚴與尊貴，在他這裡，接續地閃耀。

佛陀曾說，不同人有不同的機緣。因此，對行旅，其實，不同人也有不同的感受。

在虎跳峽時，注視著險灘的湍流奔襲，我想到了人生的煩惱肆虐，生命的四溢激情。人類確實需要合理乃至聖潔的多形式體驗，以使對人生或生命有所漸悟或頓悟。有了體驗，才是活著。有了新體驗，才是生活著。也因此，才豐富了生命所企盼的幸福與快樂。但體驗什麼？這是關鍵，價值與否，善惡與否，皆據此而結論。由此，對體驗內容的評判，古聖先賢嘗試著立下了不少的標準，這些條條框框，關係到我們的——提升與沉淪。

關於前面提到的為了什麼？有旅友稱：有的為了身的自由，有的為了心的自由，有的為了人文，有的為了河山……。但無論如何，我本性相信一點，旅行既為了某種答案，也是某種答案。尤其，走在這古城的石頭路上。

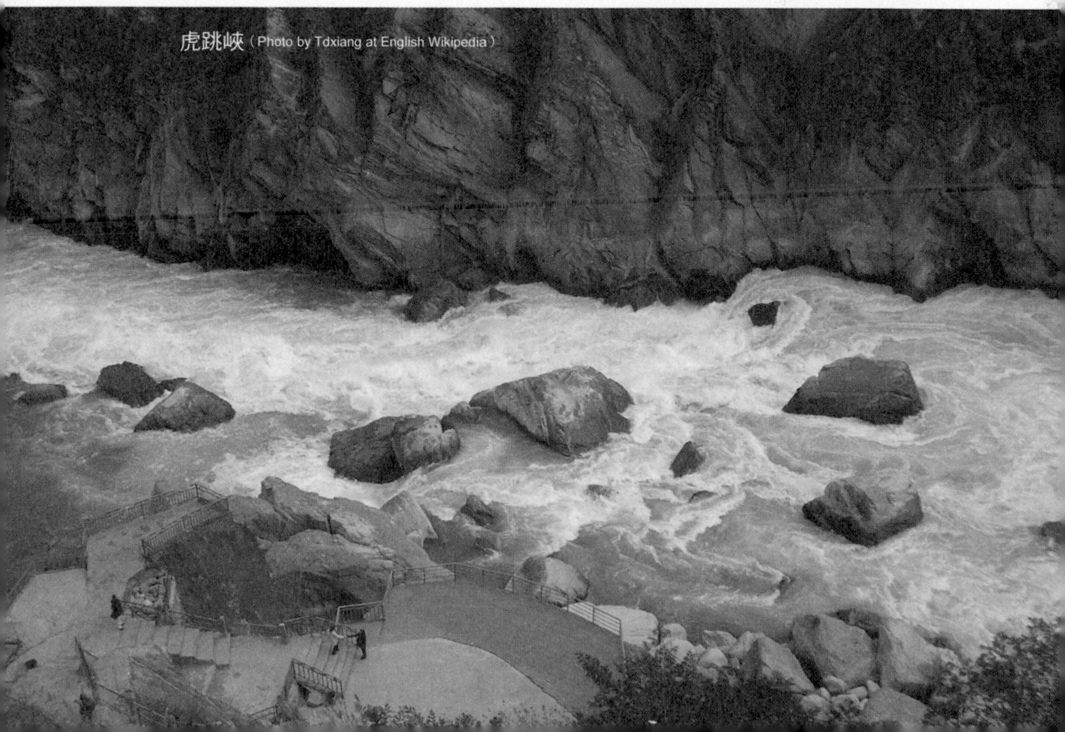
虎跳峽（Photo by Tdxiang at English Wikipedia）

09

禪旅之路

日月經天，江河行地。

天行健，君子當自強不息。

佛教，有史以來，諸佛菩薩，歷代高僧，為法忘軀，天南地北，天涯海角，禪旅之路，無限延伸。

釋迦佛陀弘法一生，其足迹遍布五印。佛陀十大弟子各弘一方，四海為居，居無定所。

東晉法顯歲已六十，攜老死之友南下求法，凡十四年，有《佛國記》等存世，被魯迅先生稱為「民族的脊梁」。

大唐玄奘西行取經，八難九苦，種種遭遇，但寧進西天一步死，不退東土一步生，於古印度，被號大乘天，遺世《大唐西域記》等。

唐之鑒真為弘法東瀛，屢闖東海。此間，人已老，體已衰，目已盲。人勸：可以休矣。但他，絕不放棄，於第七渡，終成。建唐招提寺等於日本奈良，至今尚存。

這是佛教傳統！

這更是佛家精神！

故此，中華禪僧才被稱為：雲水僧、行腳僧、修行人、行者。

為此，中國禪集大成者慧能大師的同修——永嘉禪師才說：「行亦禪，坐亦禪，語默動靜體安然。」

這裡，禪，不僅僅體現在坐，更體現在行，把行亦禪放在了坐亦禪之前。且此行亦禪，尚令修行人體

唐招提寺（Photo by 663highland CC BY-SA 3.0）

安然——安心啊。

宋・張無盡有偈：「趙州八十猶行腳，只為心頭未了然；及至歸來無一事，始知空費草鞋錢。」

趙州禪師，佛教開悟的高僧啊。八十歲了，還去行腳，修禪旅，作行禪，為何？因為心頭未了然，心頭還有疑惑，還有未明白的，還有沒破的執，還有未看破的。但是，趙州禪師通過行腳又行腳後，便了然了，便無一事了。

你看，禪旅，行禪，還可使行者開悟啊。

本人經常提一個概念：禪旅，行禪，就是基於以上觀點。

從某個角度說，禪行比禪坐更適宜現代人的修煉。

為什麼？現代社會物欲橫流，人心浮躁，思想無主，信仰無依。為此，現代人，你讓他坐，他就難受，他就煩惱。現代人，他坐不住了。他們需行、要行、宜行、喜行。教內的朝聖熱，教外的旅遊熱，也側面或間接地說明了這一點。

比丘本性為僧已近三十載，但是，還如八十的趙州禪師——心未安然、心未了然。為此，時常於禪旅、行禪之中。其時，一論語，一壇經，身在路上，心在書中，身在路上，心在禪中。志朝五洲之聖，志行四海之旅，芒鞋丈量山河，地球收入鉢中。

曾作拙詩一首，以題禪旅路上的自畫像：

一鉢千家飯，孤僧萬里行。行腳在混沌朦朧的婆娑世界，我緣已定！

那萬里長空，烟雲千重。那禪心如盾，袈裟如風。

還有那清晰分明的行者腳印，由你讀懂！

文章總有結句的時候，但旅行沒有終點。

願諸志同道合者，眼見此文如心在禪旅。

10

行者行不止

一隻影，一個人，順逆時光，映走在尼泊爾之加德滿都的大街小巷。

不吹口哨，沒有行杖，甚至，擱下了背囊。一芒鞋、一長衫，寂靜，如喜馬拉雅的雪山，她的臉上寫著博卡拉湖畔的狂歡！

走在這裡，秋涼的季節，樹葉黃了，寺院的牆灰了，夕陽暈裡，遠鐘呼喚著，跳躍的誦經，不是人聲，而是天籟。遊者的心，從擁擠，開始寥廓，這時，我從那遙遠的佛陀欣賞的國度，來了！

我不是加德滿都街上最帥的郎，我也不是加德滿都

喜馬拉雅山下的加德滿都（Photo by Sarscov2020 CC BY-SA 4.0）

最大的王，我只是一位長袍掩映下的行者，以法鍛造自己生命的法匠。浮圖納特寺前，有人告訴我，既有今生，不求來世。對此，我無法認同。既有今世，更要來生。為此，我無怨於把頭埋得比泥土更低，無悔於雙膝跪破地板。望著古老的浮圖納特塔，我在想，我可以一個人上路，但路，我要無限延伸！死亡在左，重生在右，我可以原路走回，但我不做我自己的終結者。

這是個熟悉又陌生的地方，學生時代，我曾經流浪過這裡。世界很大，但地球很小，在小山上的斯梵揚布寺，我曾經撞上了一個人，他也來自我們的故國。他說，他同我一樣，要踏遍地球，單挑世界，獨戰他的人生，

浮圖納特塔
（Boudhanath,Photo by GONG Jie CC BY-SA 3.0）

要感受生命的原汁原味之存在。他走過沙漠，走過草原。他說，真正震顫他的，還是這活著的宗教，每天，洗刷著他的靈魂。

是呀，我同他一樣！我喜歡在流浪中做人性的顛峰對決。我不做鎖了雙腳的貴族，我天生是夜無隔糧的鷹燕。我的生命在路上；我的歌聲和著馬蹄的脆響；我的行迹在天空；我的畫卷畫著風雲。我不在乎故事是否傳奇，我不在乎山水是否秘景。我可以為風馬旗興奮，儘管，她是那麼樸質；我可以為瑪尼石沉默，儘管，她是那麼純粹。曾經，我誤以為我背負著歷史，不料，歷史就是歷史，不是現在，更不是未來。所謂的榮耀與恥辱，只與歷史有關，卻與流浪無涉。

加德滿都真是個神佛的世界，走在這裡，大街小巷，最易感受到的是神與佛，而不是人。行走其間，看著奔忙如蜜蜂的人，我就想像著我是那泰然的佛與神。人在奔忙中追逐欲望與名利，那麼，神與佛在泰然中又在靜思著什麼？曾經，為了馳騁自由，我急急奔向了草原；為了呼吸新鮮的空氣，我急急攀上了山峰；為了留住時間，我急急涉向了沙漠。行走加德滿都，讓我幡然意識：時間、空氣、自由，我們什麼都不缺，只在那泰然的一瞬！

泰然，是人生的一種態度，是一種胸襟，更是一種精神，一種境界。泰然，基於慈悲、智慧、寬恕、懺悔。泰然，是一種思想的文章，心的工夫。曾經，暴虐的印度阿育王，經殘酷征戰，大獲全勝後，他反而悟到：真正的勝利，不是征服土地，而是征服人心，真正的勝利，不是戰勝他人，而是戰勝自己。這契合了佛陀的教敕！這也讓我想到，佛教聖像之中，惟佛陀沒有執掌什麼象徵的武器，因為沒有武器，就是最大最強最玄魅最威力的武器！而四大菩薩如：文殊騎青獅，普賢騎白象、觀音執楊枝抱淨瓶，地藏騎諦聽，皆現其武器形象，從事用上說，就略遜於教主一籌！悟後的阿育王，把教主之法以分贈佛陀無量舍利的方式，傳揚到周邊之國，建塔

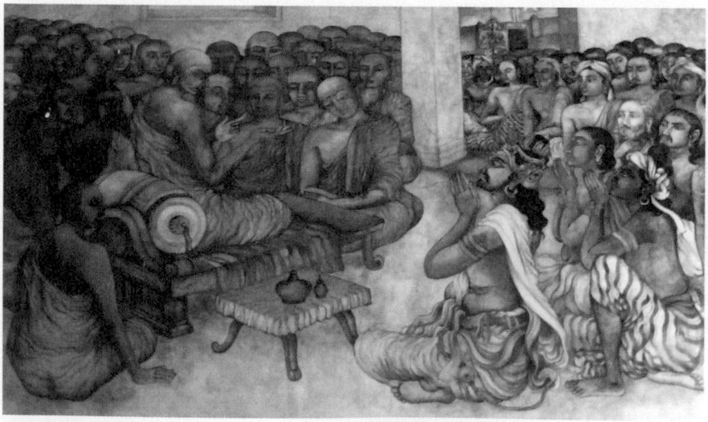

阿育王恭請帝須尊者主持佛典的第三次結集
（舍衛城祇園寺壁畫，Photo Dharma from Penang, Malaysia）

供奉，傳承萬載，這也包括了在加德滿都的浮圖納特塔。

據說，喜馬拉雅山是地殼運動的結果，是板塊擠壓拱起的產物。尼泊爾就在其山麓，為此，我在想像！當那一刻來臨，金木水火土，地裂天崩，天地之間只有嘯叫、震顫、嘶吼、咆哮。由此可以想見，暴發中誕生的尼泊爾，她明白與體會到了暴力與緊張的破壞性。為此，她崇尚平和。牛可以自由地在街上徜徉，烏鴉可以大搖大擺地到你碗裡搶食，黃土路還是黃土路，泥土牆還是泥土牆。人活著，誦經、曬太陽、田間勞作。人死了，和著原木一把，毫不牽掛，燒成灰，淡淡然然，隨著流水緩緩而去。

有個故事，一位行者告訴我：在加德滿都，有位印度小夥得了絕症，準備來此往生，有天，他暈倒在一座寺院，有位到寺裡的美麗女子救了他，送他到醫院救治，想到他一人遠在他方，無親無故，女孩不忍他剛醒就離之而去，便又接著照顧他。日久生情，他們相愛了，小夥之病也奇迹般好轉。後來，女孩因為一場意外事故死亡，這印度小夥也不久便病重而離開了人世。雖然，他們還沒有結婚，現在，被同葬於博卡拉的山麓，背靠喜馬拉雅山，面朝著印度洋！行者強調地告訴我，只有聖水聖山如斯的地方，才會有這麼多純淨純潔的寧靜而又感人的故事。

時光傾泄於指隙，滿滿的一杯薑茶已經被點滴著喝乾，時已不早，也許，沒有太多的時間，讓我在一個地域遊走，包括今之尼泊爾，以及她的加德滿都。但無論我走到哪裡，無論時間長短，我都將忠於那裡的空氣，那裡的路，也包括路上的故事。只是，如今，我已漸趨老邁了。老年尚有沖天志，行者行不止，畢竟規律不饒人，只是漸不前。

11

要讓生命 活像生命

在我眼裡，生命，是人生的眼珠。

在我心裡，生命，是人生的心臟。

有許多人，活著，生命卻死了。

有很多人，死了，生命卻還活著。

從小以來，聞慣了生，見慣了死。似乎，於日常中，對生命的形象與印記，有了點麻木。但我知道，這不是一個宗教界人士應有的情懷。

今天是農曆的九月十五，過幾日，就是農曆九月十九之觀音誕。

每到佛教的大節日，我都希望自己能反省一下

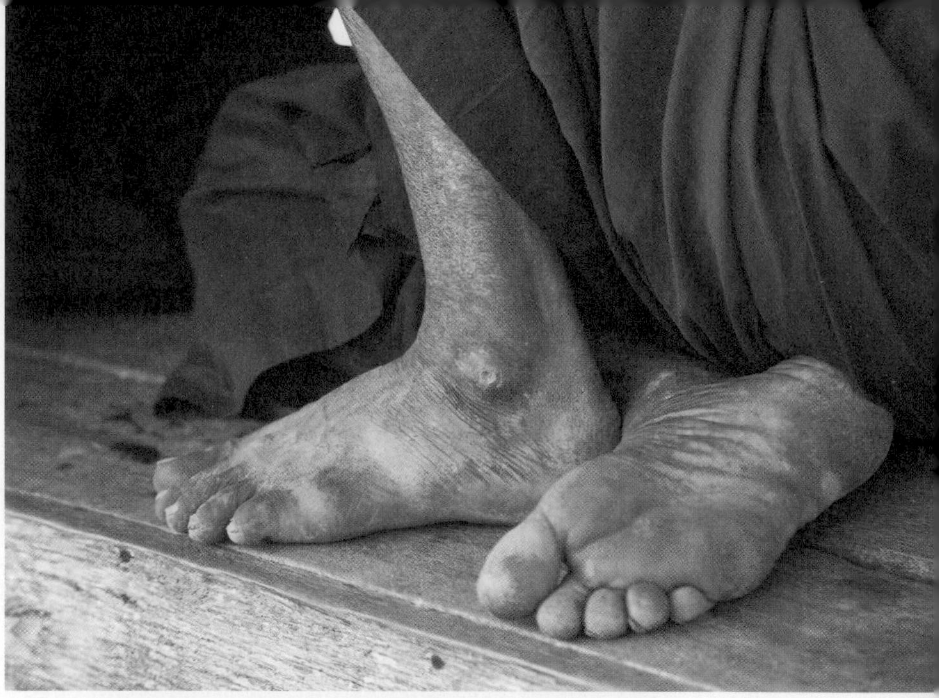

就近的過往，思考一下非遠的將來。

此刻，我在想，生命既如眼球，既如心臟，那麼，就要讓生命活成生命。或者說，就要讓生命活得是個生命。起碼，也要讓生命活得像個生命。

在這世界上，活著的生命有多少？無人可知。我們一不小心，多少生命喪生於我們腳下。一場戰爭、一場海嘯、一場地震、一場火災、一場政治劫難……誰能知道，又有多少生命喪失。生命在這世界上，基本生存權都無法保障。即便得以生存，那麼，自然、社會、生命之間、生命本身，對生命的逼迫也無時無處不在。這些，佛陀喻之：火宅。於火宅中，生命被焦烤煎熬著，生、老、病、死、苦、空，既不得自在，更沒有了尊嚴。

雖然，我們的生命活得不像生命。但是，我們是一條活生生的生命。佛性孕在我身；佛芽終將長出；佛果終將結成。我們沒有理由不讓生命活得像個生命。

讓生命活得像個生命。

怎樣才能讓生命活得像個生命呢？

我想，起碼要有如下三大因緣——

一、先求佛：

作為凡夫，我們無需懷疑這世界有超人間的力量存在，也無需質疑這人間有聖者存在。雖為凡夫的世界，但真理總是存在的，人間的道德標準也總是存在的。相信或堅信，並不妨礙我們什麼，卻卻為我們建造起了一道墮落與沉淪的最後防線。

怎麼求佛？無秘訣，但有虔誠、止惡、發願的心與行就好。

二、次求人：

這世界是因緣的，互相聯繫的，大家是命運共同體。別以為離開了別人自己也行，那是不可能的。自己的成就要靠別人成就，別人的成就也要靠我們共襄盛舉。我自出生以來，我不敢想像，如沒有了別人，我今天會在哪裡？會怎樣？因此，幫助別人是件很義務的事，很應該的事，沒什麼了不起，其實質——也是在幫助自己。而求人也不是件多麼可憐、可恥或可怕的事，誰不求人？你沒求人指個路、讓個路嗎？你沒求人砌塊磚、蓋塊瓦嗎？

怎樣求人？也無秘訣，但能做到廣結善緣、為善最樂、坦蕩寬容、慈悲寬恕則可矣。

三、再求己：

都靠佛，都靠別人，那我們自己幹什麼呢？因此，除了求佛求人外，佛教強調，要發掘自己的內在心源之力，也叫內力吧。沒有內力，如何與佛力、他人之力相輔相成而相應呢？那麼，我們有無內力？答案是：我們既有佛性，這便是內力的無窮之源。

怎樣求己？更無秘訣，但自精進，但自懺悔，但自清淨，則必超越自我，而成大我矣，如此而已。

我常想，生命是多維的。因此，之於生命，我們的權利與權益也是多重的；而我們的責任與義務也是多面的；我們的希望與歡樂也

是多方的；而我們的失望與沮喪也必是多層的。宇宙的生命，包括人的生命，就是這樣一個萬花筒、多稜鏡，體現與折射著大千世界的千姿百態。但無論如何，自己的生命只有一個，何以能夠自我輕蔑、自我輕視、自我不關心、自我不愛惜……

那麼，就讓我們——把生命活成生命！

就讓我們，把生命活得是個生命！

就讓我們，起碼，把生命活得像個生命！

生命唯一！生命至上！生命永恒！生命萬歲！

12 慧能大師的臨終答疑

《六祖撕經圖》宋梁楷繪
（日本三井紀念美術館）

佛典中，《心經》《金剛經》《六祖壇經》與我最相契特對機。每每讀頌，每每會心一笑。

今日，深夜品讀《六祖壇經》——

公元七一三年七月，六祖慧能大師集徒眾，預知他們：自己於八月就要離世。徒眾聽罷，多皆痛哭。唯有一人神情不動，此人便是神會上人。對痛哭者，六祖斥之：「數年山中修道，修得什麼？你等悲泣，為誰悲憂？難道，是悲傷我不知到哪去嗎？」

為此，六祖為徒眾說了〈真假動靜偈〉，闡述「一切無有真」，認為「若見於真者，是見盡非真」。同時，說明了動即不動，生即不生，去亦不去，滅亦不滅的道理。

時，有弟子問：「你去後，你的法脈讓誰接續呢？」六祖告訴他：「有道者得，無心者通。」說此話前，他告誡徒眾：「此心本淨，無可取捨，各自努力，隨緣好去。」

又有弟子問：「師從此去，早晚可回？」六祖答他：「葉落歸根，來時無口。」此句前，六祖對徒眾的開示是：「諸佛出現，猶示涅槃，有來必去，理亦常然，吾此形骸，歸必有所。」此雖與前述的不來不去不生不滅道理相左，卻是同一個規律。

六祖與徒眾作最後的告別時，說：「欲求見佛，但識眾生。」又說：「自見本心，自成佛道。」「法

身報身與化身，三身本來是一身。」認為，「邪迷之時，魔在舍，正見之時，佛在堂。」

六祖的最後遺偈是：「兀兀不修善，騰騰不造惡，寂寂斷見聞，蕩蕩心無著。」

六祖教誨徒眾，他滅度後，依此修行，如他在日。答疑結束後，他端坐至三更，忽然對徒眾說：「我走了。」一聲尚未逝，人已遠行，入涅槃了。正如他接五祖法脈，亦時在三更。

六祖慧能大師的臨終答疑，給了我們多少的啟悟呵。當時，獲悉六祖即將離世而不痛哭的神會上人，成了六祖徒眾中最忠於六祖思想並最有出息的一位。神會上人確立了「南能頓宗」，胡適謂之「南禪宗的急先鋒」，史稱「禪宗七祖」。

《梵像卷-神會大師》宋張勝溫
（台北故宮）

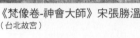

13

走馬呼倫貝爾，對話成吉思汗

在我印象中，呼倫貝爾草原意謂著內蒙古，意謂著成吉思汗，意謂著橫跨歐亞的大蒙古帝國，也意謂著額爾古納河與蒙兀室韋。

初識草原，源於北朝樂府之《敕勒歌》：「敕勒川，陰山下。天似穹廬，籠蓋四野。天蒼蒼，野茫茫，風吹草低見牛羊。」無論歌中描寫的草原地點是在內蒙古或新疆或西藏，都那麼令我心嚮往之。

而讓我記憶深刻的，關於成吉思汗的，則是毛澤東的《沁園春・雪》，在其下闋，如此概嘆：「江山如此多嬌，引無數英雄競折腰。惜秦皇漢武，略輸文采。唐宗宋祖，稍遜風騷。一代天驕，成吉思汗，只識彎弓射大雕。俱往矣，數風流人物，還看今朝。」

成吉思汗給我的第一印象：確為馬上天子。

為感受真實草原，真正認識成吉思汗。一周前，我隨團經呼和浩特，過海拉爾，走進呼

烏蘭巴托的成吉思汗銅像

倫貝爾大草原腹地，並探尋額爾古納河流域及室韋鎮。

一路上，有個疑問環繞我：在蒙古大草原，如果說，部落之爭，其勝負有其偶然性，那麼，這一代天驕成吉思汗，憑一把馬刀，卻能橫掃歐亞大陸，建立中國歷史上最大版圖的帝國，就定有其中的必然，而這必然是什麼呢？

翻開《蒙古秘史》：蒙古族早期為蒙兀室韋部落，居森林，狩獵為生，後遷於額爾古納河流域，轉而游牧。二〇一一年八月三日，我們到達該河的其中一段，即室韋鎮所在。該鎮的河對岸，即為俄羅斯國土，可見對岸村莊、炊烟。該河，其水清清，兩岸水草豐茂，牛馬岸邊自由自在地食草。河是那樣的寬，水是那樣的闊，偶有船隻從河中緩緩而過。據說，該河發源於大興安嶺西麓，流經呼倫貝爾大草原，在內蒙古域內與流向俄羅斯的石勒喀河匯合後，便是黑龍江。康熙時，大清與俄國簽下《中俄尼布楚條約》，確定其為中俄界河，共一千六百多公里之長，為蒙古族的母親河。我們到達的室韋鎮，據說，就是蒙古族先民進入額爾古納河流域的早期地方。這室韋鎮，現為中國唯一的俄羅斯民族鄉，許多人為中俄人種後裔。鎮上的房子多為圓木結構，包括內外牆也用圓木拼成。看似簡單，居之舒適。當晚，我們住在一座名為喀秋莎的小旅館，但費用卻不菲。問店主為何房價這麼貴，他說，氣候原

肯特山（Photo by SaturneGeo CC BY-SA 4.0）

因，一年只能營業三到四個月，現天氣暖和，旅遊旺季，待天寒地凍，就收攤關門了，所以，只能如此。在室韋鎮，有中俄友誼橋，據說該橋由中方與俄方各建一半。此處尚有111號中俄界碑。

研究蒙古族歷史的人們，多認為成吉思汗是蒙古族的傑出代表，他開創了大蒙古帝國的基業，也為中國今天的版圖之大，奠定了基礎。他出生於現蒙古國境內的肯特山下，這肯特山是蒙古高原的最高山，形如馬鞭，險處更險，秀處越秀，北麓森林，南麓草原，亦是蒙古著名的三河之源，即鄂嫩河、圖拉河、克魯倫河皆發源於此。此山，春暖花開，是百獸之世界，冬雪皚皚，是神靈的天堂。肯特山的強悍與雋麗，孕育了成吉思汗這樣鐵血柔情的曠世英豪。

成吉思汗為部落領袖之子，兒童時，其父就被其他部落毒害。為此，童年、少年皆過得很艱辛，幾次險些被害。因為毒害其父的異部想斬草除根，以免留下後患。天要降任斯人，便要先苦其心志，勞其筋骨。看來，真是如此。倖存下來的成吉思汗，後來不僅消滅了毒害他父親的部落仇人，還統一了呼倫貝爾大草原的所有部落，使富饒的草原成為他擴張歐亞的大基地、大後方，每次兵敗或兵勝，都回到這裡厲兵秣馬或休養生息。八月一日至二日，我們進入呼倫貝爾大草原腹地，行馬於曲水莫日格勒河岸邊，行舟於呼倫湖中，那蒼茫的草原，那蒼茫的湖，讓我聯想到蒼茫的蒙古族與蒼茫的成吉思汗。

成吉思汗統一呼倫貝爾大草原後，開始向四周擴張。擴張中，他的武器不僅僅是馬刀。此次的內蒙古之行，讓我認識到了這一點。早先，他信仰長生天，這也是蒙古族的固有信仰。後來，在對外的擴張中，他接觸了其他的文明，即藏傳佛教、漢傳佛教、道教及儒學，他的謀臣耶律楚材、丘處機，便是這等人士的代表。同時，他也接觸到基督教。當他擴張到了中東時，又接觸到伊斯蘭教文明。

在西漢時期，有陸賈對高帝說：「居馬上得之，寧可以馬上治之乎？」他指的是天下。成吉思汗的謀臣耶律楚材也提醒了他同樣的道理，馬上可以得天下，但不可以馬上治天下。

這話，成吉思汗是深深聽進去了。他讓兒孫學漢文化，他創大蒙古文字，並平等對待各宗教，這就是一個很好的明證。

因此，我對成吉思汗的第二印象，就不僅僅是馬上天子了，更不是毛澤東說的那樣，只識彎弓射大雕了。

我們坐車從海拉爾到室韋鎮，路上整整走了四五個小時。一路上，都是大草原。路從草原中過，如綠色地毯中的絲帶。路兩旁，時而花如茵，時而牛羊遍野，時而馬成群，時而湖如翠玉。有時，低谷或低窪之處，凸顯著秀雅的白樺等樹，或珍貴的草原濕地。比如，被號稱亞洲最美的根河濕地。成吉思汗雖出生於肯特山下，但其奮鬥於呼倫貝爾大草原上，他的性格既兼具了肯特山自身的險悍與雋麗，又具足了肯特山的粗獷與呼倫貝爾大草原的遼闊。因此在他的生命中，他總是那麼剛強、大氣、樂觀、豪放，同時又那麼細心、自省。也因此，他總是那

麼忠於他蒙古族的文明，同時又是那麼的心胸廣大、思想開放，勇於接受外來的文明。這使得他出生地的狩獵文明，與奮鬥地的游牧文明，與漢地的農耕文明，以及幾大宗教的文明，在他身上，相互交融，交相輝映，使其潛在的無限力量得以迸發，產生雷霆千斤之力，為愛，或為恨，所向披靡，無法阻擋。

耶律楚材（明萬曆《三才圖繪》）

我想，這就是他那馬刀如此鋒利，能夠橫掃歐亞而不鈍的必然吧。

走馬呼倫貝爾，對話成吉思汗

成吉思汗病亡於西征中東的途中，年齡在六十歲左右。他的子子孫孫們，他的部眾們，繼續他的事業，使得當時的大蒙古國的疆域更加廣大。成吉思汗的陵墓，後人至今未知在哪。這符合蒙古族對生死的看待。蒙古族人民，生，交給草原，死，也交給草原。死在哪，哪就與之有緣。或火葬，或天葬，交給鳥獸，或秘葬，埋入土裡，無論何種，皆不鋪張，簡簡單單。秘葬了，把土蓋過就是，來年，土上花草生了，人們便永遠不再認得所葬的地方。他們赤條來，赤條去，生頑強，死放下，活著時，輕裝上陣，少背包袱，不斷遷移，有的就是一

顆雄心，一個夢想，一頭戰馬，一把快刀。這是蒙古族的性格，也是成吉思汗的性格，我想，更是呼倫貝爾大草原的性格吧。而這性格，正是蒙古族的魂，成吉思汗的魂，呼倫貝爾大草原的魂。正是這性格、這魂，才使成吉思汗的馬刀始終鋒利，能夠橫掃歐亞而始終不鈍。

「天似穹廬始信然，草原一碧望中圓。臨風呼侶笑相語，到此真知覆載寬。」葉聖陶如此描述呼倫貝爾。走馬呼倫貝爾七天之後，我是如此的熱愛草原，如此的熱愛蒙古族，如此的熱愛成吉思汗。儘管，還不知道，我的這種熱愛深度有多深，我的這種熱愛是否有第一因。

14 生而幸福快樂，死而平靜無懼

宗教的使命，一是教會人們幸福快樂地活著，二是教會人們平靜無懼地死去。

今天的社會已經不缺如何掙錢、為官、搏名、拼利的奧妙，缺的是如何幸福快樂地生活與平靜無懼地老死的奧秘。

在佛教，通向「幸福快樂而生、平靜無懼而死」的路，在於心要內證，莫向外求。

如何心要內證，莫向外求？

佛教就此提供了一系列的方法：比如禪定法、念佛法。

這裡我要介紹的是——

（1）自恣與懺悔法：三人以上的僧團中成員，在僧團面前，進行自我批評，講述自己一段時間以來思想、語言、行為上的錯誤，自我反省，自我清淨，同時，也請僧團幫助自己反省、自己清淨。這就是自恣。

自恣之後，要進行自我的懺悔，分析過錯原因，總結過錯教訓，懺悔過錯內容，生起慚愧心，生起後悔心，生起知錯必改心。這就

是懺悔法。

（2）寬恕與包容法：自恣與懺悔是對自己，但寬恕與包容，是對別人。當然，這對別人，最終還是對自己。既然自己也會犯錯，允許自我批評，自我懺悔，那麼，為什麼要苛求別人不能犯錯呢？為什麼不允許別人自我批評、自我懺悔呢？

如果，將心比心，將己比他，那麼，就應包容他人，寬恕他人，就會包容他人，寬恕他人。

（3）感恩與祈禱法。有了自恣與懺悔的心與行動，有了寬恕與包容的心與行動後，我們就有了強烈的慈悲心和慈悲行。由此，就懂得感恩他人，為他人祈禱；就懂得感恩社會，為社會祈禱；就懂得感恩國家，為國家祈禱……

懂得自恣、懺悔、寬恕、包容、感恩、祈禱的眾生，是止於至善、心無掛礙的眾生，是能夠幸福快樂地生活、平靜無懼地老死的眾生。

而這，不正是人生要追求的一大目標與境界嗎？

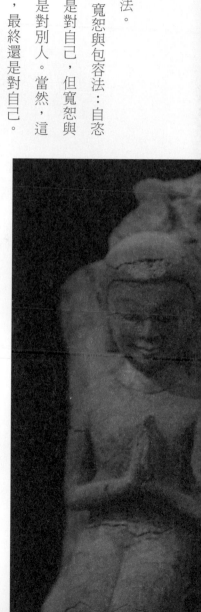

15

胡志明市的黑色記憶

這是一片藍色、綠色並且紅色的山水。土地肥沃、民風樸質；男的韌勁、女的豐盈；椰子腴碩，汁而純清；花而明艷，撒落於城，遍布於野。

三月，於北國，蕭瑟之氣尚未褪去。於這，我說，已然炎熱如夏，你糾正說：不，是溫暖如春。

走在西貢的大街小巷，隨著急促的摩托人流，滿眼曾經——沒落帝國的遺風，像音符，像詩行，像女王御駒的串串馬蹄聲。

女王的鐵騎是否踏遍這山山水水，我不知道。

但我瞭解，這山山水水間，聚居著若干民族，他們勤勞、聰慧，有山的性格，有水的情懷，他們夢想的是山青水秀、兒女成群、五穀豐登、男耕女織，他們夢想的不是槍聲、炮火，不是戰艦的怒吼與戰機的轟鳴。

國家的命運，或者說，民族的命運，往往就同個人的一樣，他們不曾夢想的，卻已降臨，他們夢想的，卻不曾出現，在那個時代，在那個灰色的歷史節點！

當我滿懷追悼的情思，和著人潮，出現西貢越戰紀念館那裡，於今天、於此刻，我的心緒無法言喻，我只想到一點，那燦爛輝煌鮮艷美麗光暈籠罩下的美國式瘋狂與罪惡。

我也曾數次到美國，在我的夢想中，美國是民主自由人權公義的代名詞，是現代文明的象徵，數次站在自由女神的腳下，仰視著她，就如同仰視美國給我們的滿是光明與希望，和風與彩虹。

而今天，而此刻，我到達這裡，到達這戰爭博物館，當時的美國給我的印象，是那樣的扭曲、殘暴、狂妄、自私，集中凝聚了人的罪惡與獸的瘋狂。

越戰紀念館（Photo by Prenn CC BY-SA 3.0）

面對幅幅模糊、灰暗乃至慘烈、冷酷、悲淒、漠然的歷史片段，血為句，淚為行，心酸與苦痛凝為節、固為章！這讓我不禁要問：受難者，魂何所以寄？施虐者，靈何所以安？

可恨之人，自有可恨之處。可愛之人，自有可愛的地方。我佛曾言：戰爭源於優先權。美國自詡為優秀的民族、一流的國家，典型的美國之夢，就是一切優先。一切優先的結果，就是激烈競爭。其實在這世上，沒有誰優誰劣。佛言：「一切眾生，一切平等。」激烈競爭的結果，就是無端猜疑，就是憂愁畏懼有人超過自己，進而喜形於色，退而杞人憂天。傲慢、忌諱，以及以己之盾拒己之矛。久而久之，內外交困，以進為退，而非佛陀倡導之以退為進，從而製造衝突、挑起戰爭！

槍聲撕毀了上帝對人類的良善承諾；炮火錘煉著魔鬼的邪惡謊言。你說，這裡從此沒有了契約，只有遺囑。是的，但留下或離去的生命，或許渺小，可其靈魂卻沉默著發出吼聲；肉體，粉碎中卻拒絕沉淪。

一層一層、一間一間、一牆一牆、一面一面，兩個小時的凝視，兩個小時的煎熬，兩個小時之後，痠楚的眼睛在眼鏡的遮蔽下，依然血絲游走，息窒而沉悶的館內空氣，使人昏昏欲睡。獨坐小凳，對著用炮彈子彈鋼片鑄焊的勇者雕像，不曾想，我竟怯怯地入夢，夢見自己怯於死、怯於活、怯於輪回、怯於苦難，甚至怯於歡樂與怯於永生，更怯於這個世界的男女和雌雄之走獸。而這些，似乎皆與眼前的館內陳列與當時的美國無涉。

半日已過，天色已陰，人潮褪盡，你的一呼讓我頓醒。但願館內這些，於胡志明市，永遠都只是歷史，這越南是永久過去的越南，那美國是永久過去的美國，美國式的瘋狂與罪惡，而今只是個問號，只是個假設。或許，美國夢將是個希望與光明的夢，給人的是和風與彩虹。

16

四面環山，如何走出

二〇一二年的某個上午，某省的同學來訪，談及佛教界當今給社會的觀感，他是唉聲嘆氣，說走出去常常抬不起頭。他說：「十幾年前，情形完全不是這樣。」

是啊！但有什麼辦法呢？俗話說「一粒老鼠屎，壞了一鍋粥」。此亦業感所引。

但我想，抬不起頭，倒不必。佛陀早就說過，如是因生如是果，好人自然會好自己，而壞人也自然會壞自己，各人事情各人承擔與負責。如果我

們無慚無愧，自應無怨無悔，自然也更無理由自覺羞與恥。

我總認為，這世間最終必是邪不壓正的，何況佛門？佛門出現一些令人不樂見的現象，是必然的，佛陀時代就有，何況今天？再說，這些負面現象的產生，也不純粹是佛門自身的原因，其中一些也是有社會大環境的源頭。更何況，負面現象於正面本質中，也只是個別例子。由此，我們無需唉聲嘆氣。

法門無量，我們誓願學。

佛教總是這麼鼓勵我們。佛教法門中，有這樣的說法：聞、思、修；信、願、行……等等。作為佛門子弟，我想，無論處身何處，心處何境，我們既已聞，就要多思，然後去修。如何修？就是應信——堅信，這是非常必要的，我們要堅信陽光總比烏雲出現得多；我們要願——誓願，以願之力，改變不如意的大環境與小環境；我們更應行——大行，以身作則，忍辱負重，慈悲後進，勸導洗心革面，帶動大家，提升正氣。

在這世界上，哪怕在其他宇宙中，真理永遠是真理，有時，真理被稍微遮蔽了，不等於失去了真理本身，真理永遠存在，終將閃出其不可抑止的無窮光芒。就如佛性，雖被蒙塵，但永不失其本色與光輝。就如佛法，儘管時空變幻，無論如何，也不會消亡滅迹一樣。

我的好同學，如果我的見解不足以讓你釋懷，那麼，請你聽聽我們祖先的對話：

元安禪師問一位請求下山雲遊的僧人：「四面都是山，你往何處去？」

那位僧人不知如何作答。

事後，管理寺院菜園的善靜和尚建議他回答：「竹密不妨流水過，山高豈礙白雲飛。」

17

發呆峇里島

靈性之旅，塵心洗盡！

山，是多少年前的山。水，是多少年前的水。佛，是多大年紀的佛。神，是多大年齡的神。

行履在峇里的小徑，飄浮在峇里的大海。我的心頭始終有種奇異的心跳，我的耳邊始終有種奧秘的聲音，我的腦海總有種玄妙的思緒。我的眼前不時大幅湧現一種波瀾壯闊——與峇里島的今天完全不同的壯烈景象。

就如峇里島的風襲過，就如峇里島的浪卷過。公元十五世紀，黑雲壓城，異教入侵，爪哇之國的貴族、僧侶，失地喪國、失寺喪教，被迫漂洋過海，流散峇里。這開啟了峇里的黃金時代。十九世紀，異色浸染，異國入侵，異幟飄升，貴族甚至僧侶為尊嚴與獨立，抗爭再抗爭，最後，集體自絕。他們鮮紅的血殷紅了峇里的紅樹林，以及金黃色的沙灘。這為峇里，留得一線文脈與傳統的傳承。

今天，峇里是佛教的諸佛之島，是印度教的諸神之島。據說有上萬寺廟，村村有殿堂，戶戶有聖龕。宗教文明沁入島民的靈魂與血液。也因此，峇里成為了信仰之島、祥和之島、藝術之島。加之，天賜的地理條件優勢，亦是花園之島、火山之島、群魚之島。朝聖者、旅遊者、休閑者、考察者，種種類類，紛至沓來。

就我而言，我感興趣與痴迷的是：峇里是個靈性之島與發呆之島。在這裡，我們可以遠離喧囂，躲入安謐，獨自靜思！我們可以一步一寺，步步與佛神相應。我們可以處處與古老的建築、雕刻相逢。如果我們願意，我們還可以時時沉淪於悠遠而來的音樂與舞蹈。在這裡，我們也可以閑至椰樹下、岩礁邊、沙灘上、草亭中、古殿裡，無所思，無所想，不憶往昔，不謀未來，讓目光澄清如其海水，讓呼吸安和而綿長，如藍天白雲的絲縷。

此次，攜同修法侶之往，駐錫群峰之一隅，面朝浩海，潮音滿耳。臨時寮房之外，嵌一清池，傍倚一木構小亭。無事閑坐其間，一任風柔月現，鳥鳴花開。回寮之後，我忽然想，峇里的那麼多藝術傑作，當是這樣來的吧。

蒙佛陀恩典，我也到過不少島嶼，卻少見島民們過得如此悠然者。在這裡，你聽不到大街上車鳴喇叭的聲音，因為在他們心上，沒有什麼是需要著急的事情。是火山爆發嗎？是海嘯突來嗎？是恐怖爆炸嗎？他們都經歷了，但不放在心上。他們也許沒有很富裕的錢，但他們有的是時間，有的是精力，有的是與佛神相應的、與天地相和的靈感。

峇里的島民是宗教的島民，小孩一出生，就必須登記註冊歸屬到哪一種宗教的信仰，否則便無法得到法定的姓名權、身份權，這讓我震撼與驚嘆。是啊，有信仰，總比沒信仰好，

百沙基母廟（Photo by Davidelit）

因為人之本身就是信仰的動物。一個男人一旦沒有了信仰，他會怎樣？我想，一定會是把權利、金錢、名譽、異性，幻化為他的宗教。相類似，女人也是如此，只是，在此基礎上，她外加了美貌與服飾。沒有信仰，究竟到底，沒有希望，沒有未來。因此，為了他與她的所要，他與她沒有理由不祭出陰謀、詭詐。當他與她有了所要，揮霍與縱欲就自然成了正當的理由。他與她便不畏造罪，不思救贖！

曾經，莫言說，他是個講故事的人。而我，是個聽故事的人。峇里的故事，個個讓我感動。當然，我也知道，聽故事不能只靠耳朵，還要用雙眼與雙腳。為此，儘管時間有限，我們還是攀行到了百沙基母廟，這座千年古寺雄居於峇里之巔——阿貢火山的胸膛。千年老剎，千年之魂，其綿延的古老故事，正如阿貢火山之火，熊熊不滅，燃燒到如今。轉到烏魯瓦圖斷崖，那佛造神設的天然絕險。在那裡，曾經的曾經，兩位門不當戶不對的少男少女痴痴相戀，但沒有得到傳統、習俗與父母的祝福，便雙雙如秋葉一樣從此飛下，飄向那水天相接的遠方，以此旗開得勝，打贏一場人世間最慘烈的人性之戰——殉愛與祭情。在一處鄉野，我們還難得地見到了葬禮的儀式。那裝屍的棺木被如若拔河的兩群生者向各自方向拉扯，那是一場向著對立方向的力量較量，也是生與死、善與惡、天堂與地獄、天使與魔鬼的較量。周圍的人們唱著、跳著、呼著、喊著、鼓勁著。終於，白天戰勝了黑夜，人戰勝了鬼，歡笑的淚花淹沒了悲傷的眼汁，魔鬼逃遁而去，天使重回人間！

遺憾的是，我們沒有因緣與涅瑟節相逢。這是在三、四月間的一天。在這一日，整個峇里，除了呼吸與心臟，幾乎一切的活動停止。路上，車不開、店不開。家裡，燈不開、飯不做；不看電視、不會客；人不出門、居家不語。大家都把身閉關、心閉關，眼、耳、鼻、舌、身、意閉關。以此，好好地反思，好好地反省，懺悔過患，警醒未來。唯一有活動的是：大街小巷有法定的督察人員在為此巡視著、督察著。

此行，隨往的有一位老居士，他是第一次出國。在峇里，他說，他這才知道，美好的地方不只中國有。是啊，天天只欣賞自己，自己肯定是最漂亮的，在自己眼裡。但我們會因此看不到別人的優點，從而封閉了自己，隔絕了世界。我於本寺有限條件中，不斷地創造機會，推動我的同修法侶們，也適當地出去走走，就是為了這一點。地球是橢圓的，沒有邊，很巨大。地球上的萬物千姿百態，很微小。面對地球，我們不可以狂妄與傲慢，我們要謙卑，要順服。面對萬物，我們要慈愛和同，我們要憐惜善護。我常於世界各地行走，在這個看不見摸不著的江湖，我深刻地感悟到：我很渺小，因此，當我觸及小草小花的時候，我就想到了自己，但我知道：渺小不等於醜陋。縱然小花小草無力抵禦污塵濁水，無力抗爭風殘雨虐，但她總是美麗著美麗枯去，總是美麗著美麗成泥！

18

語言的方便妙用

據說，全世界有二千七百九十多種語言，其中超過五千萬人口應用的有十三種：如漢語、英語與阿拉伯語等，這還不包括一些少數民族方言。

就交往而言，在全球化的今天，語言成為一種重要的必不可少的方便工具、妙用工具。不能掌握各自與對方的語言，就不能相互的溝通，更不能互相的有效交流。

早期，佛陀時代，佛陀一音演說，聽者無論是否聽懂都會有各自的妙解。那是因為佛陀的威德所致，也是因為當時的聽者善根深厚。今天，我們的時代沒有了佛陀這樣的真理傳播者，也少有了那樣的聽眾。因此，語言的方便與妙用就顯得特別的重要與必要。

當年，玄奘大師赴印度取經，在那難陀大寺留學，他就努力學習當時的印度語言。這也為他取經回長安後，致力譯經事業，打下了很好的基礎。為什麼玄奘大師的梵語或巴利語中譯佛經那麼經典，令世人放心信奉，除了他佛學水平高，信仰虔誠外，他的印度語言能力精

八世紀的敦煌洞窟壁畫描繪玄奘從印度取經回長安

準也是重要原因。

今天，東西方文化在密集地交流，甚至碰撞。東西方宗教也在相互交往。東方宗教，特別是中華佛教，如何加快西傳的進程，我想，解決語言關是首要的一步。福建省開元佛教文化研究所有個項目，即把部分中國高僧評傳及部分高僧著作外譯，用心就是出自於此。

恩師明暘上人生前殷切希望愚徒本性，能掌握好外語，做些中文著作外譯的工作。有一次，他老人家很有感觸地對我說，他經常出訪，在海外機場書店等地常看見各國僧人的外語著作，惟不見中國僧人的，可中國是佛教大國，這很讓人感慨啊。

上一周，應邀赴臺灣參加一個僧伽論壇，主題是：立足現在，放眼未來。我在論壇上作了一個演講，

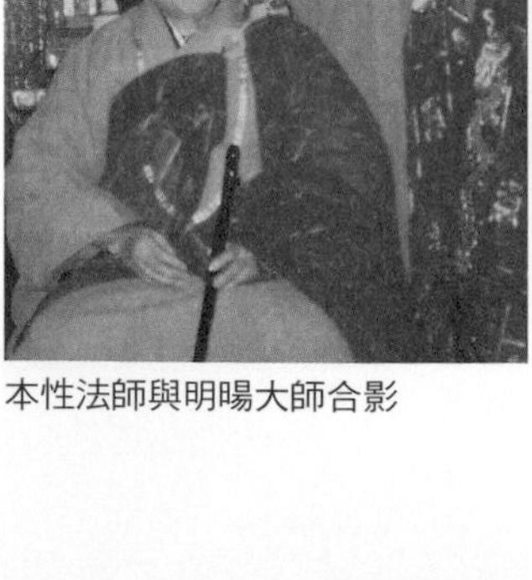

本性法師與明暘大師合影

題目是《資訊科技為當代佛教的立體化傳播提速》。於論壇上，臺灣的一位著名長老為我們講述了一個他親身經歷的故事。他說，有一次，在馬來西亞機場，因不會英語，也不知馬來語，他獨自一人，不知於哪上飛機，問也沒人聽得懂，弄得很緊張、很狼狽。又一次，在美國，參加一個活動，遠遠看到，有一位僧人在為一大群洋人講著什麼，他很羨慕。那群洋人看他到來，就圍過來，也要聽他講點什麼，但是他無法開口，他一句也說不出，急得沒辦法，慚愧得不得了。當時，他就想，如果他自己也會英文，該有多好啊，能度多少人呀！

圓瑛大師

上面說的，側重於外語。其實，即便是自己的母語，也應掌握好，這樣，才能精準地表達出自己要表達的東西。或為文字，或為音聲。六祖慧能大師雖不識文字，但他卻也以準確的語言表達出他的所悟內容與境界。這一點，我們拜讀《六祖壇經》後就會有感觸。在近代，中國有四大高僧之說，即虛雲大師、圓瑛大師、弘一大師、印光大師。他們無一不是語言表達能力超強的聖者，他們的語言高能力，使他們的弘法利生事業如虎添翼。

我要說的是：語言只是手段，有時甚至會是形成文字障礙或語言障礙的手段，為此，聖者不靠文字語言入道，更不靠其解脫。但語言之於凡夫，之於凡夫間，之於聖者與凡夫間的交往與交流，又是一種極大的方便與妙用，是那麼的不可或缺。佛用之，祖師用之，作為我們，更應用之。而且，要好好地用之，有效地用之。為此，也就需要好好地掌握之，有效地掌握之。

貳輯

不如吃茶去

19

尋找我們的香格里拉

生活是間大房子，
太空闊，則嫌無聊、寂寞！
太擁擠，又嫌嘈雜、喧囂。
太簡易，則嫌辛酸、艱苦。
太奢華，又嫌壓力、焦躁。
太鄉村，則嫌沒有高樓大廈與燈紅酒綠，沒有地鐵與網吧。
太都市，又嫌加班堵車與人如潮湧，空氣污染與草木稀缺。
於是乎，從古至今，一個樣：大家都在想，

有個既不五濁惡世，又不窮山惡水的地方。那地方有佳山秀水、美花麗草、清風明月。最好還有一樽茶、一棋局、一詩卷、一爐香，還有高山流水數知音。

但是往哪找呢？

哪裡有呢？

我很羨慕陶淵明，他探尋到了桃花源。

我更羨慕詹姆斯・希爾頓（James Hilton），他尋找到了香格里拉！

我不知桃花源到底在哪？據說，香格里拉就在雲南。數月前，我專程前去，抱著朝聖的心態！只是，當人們告訴我——那裡就是時，我幾乎哭了，雨水順著我的臉頰流下。怎麼可能這就是香格里拉？在我印象中，香格里拉是那樣的香格里拉，哪是這樣繁亂之地，小商叫賣著拉客，遊人排著長隊等進景區，遊輪的噪音皺起了湖水，遊客爭先恐後地搶好位置拍照，所謂的民族文化表演，說著唱著跳著低俗的音聲與腳步。還好，還有一些自然的斷木未被擄走，還靜靜地橫七豎八躺在湖濱樹林，安然地看著我們的世間。否則，我或許無法走完景區環程，會是半路而返。

我不是一個害怕房子空闊的人，我也不擔憂簡易，我更不拒絕在鄉村。從小，就在這樣的環境中長大，住著木房子，一個人居著樓上一層，周邊環山環水環木環竹林，每日與風聲鳥聲為伴，手上時有書香，心中有陽光。當時，就常嚮往——有個桃花源與香格里拉一樣的地方。於是，才會離了故鄉的山，別了故鄉的水，最後，還離別了故鄉。

有位小學老師，她很膽小，但很秀美，很受鄉民喜愛，她曾對我們這些決意要到遠方尋找香格里拉或桃花源的孩子們說，真正的最終的桃花源與香格里拉，就在我們的故鄉。當時，我們都不相信這話。而今，此話值得咀嚼。

志士棲山恨不深——陸游這麼說。曾經，有位老禪師，一旦人們知其深山棲處，便就移居深裡更深處了。這是一種境界，但我相信，還有另種的境界。

我也曾到訪過陝西的終南山，那裡，棲居著不少尋找桃花源的人，我不知他們是否找到了香格里拉。據說，多數住久的人都已離開了終南山，出山了，終老南山的人比較稀少。對此現象，有學人說：因為他們只是為了走終南捷徑，所以才……。我聽了這話，很有些憤怒，雖然，我不應有嗔恨心，但我起碼很感悲哀。這學人是有以小人之心度君子之腹之嫌了。我倒認為，只是因為條件惡劣，又加年老體衰，必須下山，或者已有所悟，已有明瞭，所以下山。

不過，在此之中，我倒也感應到了一個道理，佛教中說的：只要無心於萬物，何懼萬物常圍繞？是啊，熱鬧的世界，鬧騰的人群，並不是我們天然的敵人。因緣是個交叉聯繫的因緣，時空是個立體網狀的時空，從生到死，我們沒有理由要去以身隔絕於人群，隔絕於社會，這無論從理論上看，或從現實中看。隔絕不等於能夠自覺，雖然自信。隔絕了，慈悲如何實踐？對象又是誰？又如何濟世渡眾生？隔絕的結果便是沒有了互助。因此，隔絕也是一種特別形式的自私，這自私並不異於我見。

這麼想來，其實我是無須為而今的雲南香格里拉而欲哭的，雨水還只是雨水，終究不是眼淚。

這在麗江就得到了驗證。

好個麗江，當我第一次到訪時，我就被迷住了，尤其那束河古鎮。我不知是我喜愛上了它，還是它喜歡上了我。那裡的小河水不妨礙人流，人流不妨礙暖陽的柔潤。就是水草，也是搖擺得那樣漫不經心，自

終南山（Photo by 滄海夜風 CC BY-SA 4.0）

然無意。星夜有音聲渾如天籟，我真的感受到了雞犬的鳴吠相聞。於是，一住就是數天，我沒有選擇。

我的朋友，當你看到此處時，請不要這樣理解：我反對高僧的閉關；我否定高僧的面壁。

當年，達摩祖師因為弘禪的時機未到，便到洞窟面壁，作壁上觀，一來去，便是九年。而禪宗泰斗高僧虛雲，不管雄山雌山，山中一閉關就是數年。他們以親身的實踐，證明了隔絕的功夫與功用。但是，我們不要忽略了一點，高僧祖師隔絕的不僅是身，更關鍵的是隔絕的是心。閉關閉什麼？如是閉身，我們鑽進牢獄棺材就可以了，但豈是這樣？因此，壁觀或閉關，觀的是心，關的也是心，觀與關的是眼耳鼻舌身意！而不是外在的形象之身——這個所謂的我與自己。

同時，也請朋友不要如此理解：我要阻斷人們追尋桃花源的路，我要撥掉香格里拉存在的根。

香格里拉與桃花源是我一生的夢想，雖然我還沒有幸福地樂居於這無憂的國上。但我從未停止或放棄過追尋。為了這夢想，曾不畏艱難險阻，不惜奉獻犧牲。直至今天，我從未後悔自己對之的追尋。我相信，我會追尋之到永遠。只是，曾經，我以為桃花源一定只在山野，只在花中草中，湖中江中。今天，我才明白，香格里拉也有可能就在城裡市區人群。曾經，我也以為香格里拉只在遠方，只在未來，只是神仙的花園，只在諸佛的樂土，而今，我亦明白，桃花源有時就在眼前，就在自己棲身的庭院。

為此，這就告訴我們：居於此地，安於此地，居於此時，樂於此時，因緣於今世的，不要急著要去趕到來世，也不要急著要跨回前世。如你在鄉下，悠著，無需絞著腦汁要衝進城裡；如你在城裡，也不要拼命地要去逃離。如你能有福報富裕的，就富你的裕，如你處於簡樸，也無需對別人的豪奢羨慕甚至嫉妒。

束河古鎮（Photo by Gisling CC BY 3.0）

其實——香格里拉就在我們當下，

桃花源就在我們心裡。

20

朝鮮特區的幸福指數

延邊弘法，順訪羅津先鋒。這羅津先鋒是個魚米之鄉，一路上良田萬頃，碧海藍天，又處中俄朝交接處，隨著朝鮮賦予特區的政策，其發展前景不可限量。

更讓我感同身受的是，民眾們自覺、道德、知足、有序的工作與生活。從元汀口岸到羅津的路上，有部旅遊車中途壞了，同行的我們坐的中巴，以及另一輛中巴，也就一同停下，等熄火的車修好了，再一同繼續趕路。為此，我們車上個別乘客有意見，說我們為什麼不先走？導遊回答說：如果是我們的車壞了，也沒人管我們，沒人等我們，我們會有什麼想法？這種息息相關、共榮共生、互幫互助的精神，很讓我感動。這也讓我想起，在我們中國，有個老人家摔倒了沒人敢去扶的事例。

如論幸福指數，我想，朝鮮當不會低於一般的國家。這裡山青水綠；人和自然和動物和諧相處；路是原生態的黃土路；犯罪率低；市場無假貨；生病了，政府給免費看；上學，政府義務教育；田裡種稻，山上種樹，之間種玉米；房子建得平平整整；上班秩秩序序；小孩子們高高興興；城鄉差別、工農差別、貧富差別都不大；學生為了朝鮮而讀書，農民為了朝鮮而種地，還有工人，還有士兵……他們都為了朝鮮而工作；人人生活在信仰中，工作在信仰中。儘管這些為現代的一些人所不樂於接受，但他們樂此不疲，快快樂樂。

這兩天，我奔波或者說徜徉於其中，猶如他們一樣，我也身心愉悅。包裡，此起彼伏的手機聲沒有了。心中，一些勞心勞力的事也擱在了遠方。眼裡，只有自然的生態，純真質樸的人，生機的動物。當我走訪到勝戰台時，我真想留到此山水中，真想朝鮮人民能允我在此搭個小茅棚，我在這寫寫書，看看書，爬爬坡，散散步，望望美麗風景，吸吸新鮮空氣。

羅津先鋒（from Wikivoyage by Laika ac from USA CC BY-SA 2.0）

一晃，兩天行程結束了。

我會再來的。

但願，我再來時，你的自然並沒有改變，你的經濟得到了提升，而你的人民還是這麼質樸、謙虛、低調、純真。

21 中華佛教路線圖

有人說：中華佛教現在是迴光返照，強弩之末，我不以為然。但我也認為危機是存在的，問題更是存在的。從今以後的發展模式，仁者見仁，智者見智。本人不揣淺薄地認為，其發展路線圖應是十二個字：人間佛教・南北交融・東西對話。

一、人間佛教的概念

綜合教界、學界、政界觀點，我以為：人間佛教關切人間，其本質彰顯在大乘佛法菩薩道上，並由六大菩薩來表其法。觀音表慈悲，文殊表智慧，地藏表大願，普賢表大行，彌勒表歡喜，藥師表健康。星雲大師的人間佛教六大特點說，有一定的代表性：1. 人間性。佛陀首先是人間的人，由人成佛。2. 生活性。佛陀從來至去，皆示現生活於人間。3. 利他性。自利更利他，自覺更覺他。4. 離苦性。大慈天下樂，大悲天下苦，拔苦予樂，離苦得樂。5. 時代性。講究時節因緣，強調隨機逗教。6. 普濟性。無緣大慈，同體大悲，普度一切有情眾生。

人間佛教表現在實踐上，趙樸初居士認為，五戒、十善、四攝、六度，都是其很具體的做法。

做為當今執政當局，強調的是：佛教與社會主義社會相適應。因此，「相適應」也是人間佛教一個大的命題，更是人間佛教發展走向中應予考量的一大因素。

確實，佛陀生於人間，長於人間，出家於人間，修道於人間，度生於人間，涅槃於人間，為解決人間疾苦，與人間結下深緣，這是佛陀之教為「人間佛教」的最好註釋。

但人間佛教不等於是世俗化的佛教，它的神聖性本質與超越性特性沒有改變，只是要解決與在解決的多是世俗化問題。這是我們需要特別注意與警覺的。

二、人間佛教的近現代發展

人間佛教源自佛陀。佛陀菩提樹下一證悟，就講苦集滅道、十二因緣，解決人的問題。他還為印度社會倡和平、自由、平等、民主、移風易俗。可見，佛陀一開始走的就是人間佛教道路！

佛陀之教延及中華，慧能起，懷海出，及至近代，人間佛教又有四位標誌性推動人物，

即：太虛大師、慈航法師、印順法師、趙樸初居士。

太虛大師提人生佛教，倡導三大改革：教理、教制、教產。其著名偈言：「仰止惟佛陀，完成在人格，人成即佛成，是名真現實。」太虛大師的人生佛教影響了慈航法師、印順法師、趙樸初居士等乃至星雲法師與證嚴法師的人間佛教理念與實踐。

趙樸初居士

印順法師

慈航法師

太虛大師

慈航法師是太虛大師的學生，在大師人生佛教基礎上，他以一字之改，正式提出：人間佛教。並提出文化、教育、慈善這佛教的三大救命圈為人間佛教的主要內容。為配合弘揚這人間佛教理念，他創辦了《人間佛教》月刊，設立《人間佛教》月刊社。使「人間佛教」這個名稱正式弘傳開來。

印順法師同樣是太虛大師的學生。他一生致力於佛學研究，著作等身。他對人間佛教的理解，主要認為：佛在人間；建立人間淨土，即佛土；針對佛菩薩，提出人菩薩；強調人生難得。楊惠南教授曾說「不厭生死、不欣涅槃」也是印順法師人間佛教思想的重要觀點。印順法師的理念在臺灣地區有一股較大力量在追隨，在東南亞佛教界亦有一定影響。

趙樸初居士有著作《佛教常識答問》，八〇年代初在《法音》連載，其中一節便提出發揚「人間佛教的優越性」，「以此淨化人間，建設人間淨土」。更在《中國佛教協會三十年》報告中，明確表示「我們信奉的教義中，應提倡人間佛教思想」。並說：「我們提倡人間佛教思想，就要奉行五戒十善，以淨化自己，廣修四攝六度，以利益人群，就會自覺地以實現人間淨土為己任。」因此，人們把趙樸初居士的佛學思想體系歸結為：提倡一種思想，發揚三個傳統，即提倡人間佛教思想，發揚農禪並重、注重學術研究與國際友好交流傳統。

今天，海峽兩岸及港澳的佛教，走的多是人間佛教的道路，各有特色，並不乏實踐成功之鮮活例子，如臺灣佛光山僧團與慈濟慈善團體。

三、中華佛教的未來發展路線圖

個人以為，新時期的經濟全球化、區域一體化、信息網絡化，世界只是地球村。人類對宗教全球化的需求，宗教對全球化的依賴，已使人類與宗教幾近密不可分，宗教不僅走進人類的生命，也走進生活。近年，禪法西漸就是個明顯的例子。於此情形下，佛教要傳承發展，便沒有其他選擇，只有繼續走人間佛教一途，繼續並更加關切人間，這才有出路。

但看人間佛教發展的歷史脈路，我們發現，每次的發展、提升、飛躍，都是不同文化溝通對話甚至矛盾撞擊的結果，都是與新思想、新文明調適融合的產物。佛教有著自我自覺的能力，但難於依靠自身自我突破。人間佛教的中華化，從今天的中華文化因緣看，已經基本成熟，幾至階段性的極限，因為除了千年之前與儒道等的衝突、融通外，近千年來，人間佛教未受更多新文明的強烈衝擊，已成惰性。沒有與新文明溝通對話，沒有與新文明碰撞矛盾，沒有與新文明調適融合，一個古老的文明——中華人間佛教，就難於有新發展。

為了中華人間佛教的繼續傳承，並有個與中華崛起相適應的現代式發展，我們必須為當今的人間佛教注入新的元素，以使煥發出新的活力、新的生機。

為此，個人認為，中華佛教未來的發展，其路線圖確實應該是這十二個字：「人間佛教．南北交融．東西對話」。也就是：堅持人間佛教道路，踐行南北傳佛教交融，推進東西方文明對話。這裡，人間佛教指的是中華式的，首先，我們要立定中華式人間佛教的腳跟，這是根本。南北指的是南傳佛教與北傳佛教。東西指的是東方文明

與西方文明，以佛教等為東方文明代表，以耶教等為西方文明代表。我總以為，中華人間佛教幾經發展，與佛陀的距離，或許已經走得不近，因此，需要我們回過頭去看看，是否偏離了一些方向？是否還有好東西沒被吸收的？不為回歸，只為向前。比如，南傳佛教就很重視戒律，把戒律視為佛教的生命。而西方文明之東漸已是必然現實。這股西風自五四運動起，就已在中華大地吹拂，今已成為主流文化的一部分。如今，更在雄心勃勃地想並致力於超越取代東方文明。於此背景之下，我們不能視西方文明如無睹，而應坦然面對，主動作為。

22

世事如幻且淡然

世界從來就不是扁的，曾經，有人說是，人們也就跟著說：是！

曾經，也有人說是方的，大家也就相信是方的。

後來，有人告訴我們說，錯啦，以前全錯啦，世界是圓的。好，那就圓的吧。

我們凡夫的感知，就是這樣。

從這頭看那頭，路是這寬那窄；站在海岸看海上，水天相接；坐在飛機裡，看藍天白雲，看青山綠野，天在飄移，

山在飄移。怪不得呢，古代禪師就說：「空手把鋤頭，步行騎水牛，人在橋上走，橋流水不流。」

中文裡有成語如：大千世界、千姿百態、形形色色、氣象萬千，等等。這些要說明的是——世界的生動形象與豐富多彩。

因此，是啊！世界就是這麼的妙麗與嫵媚。流雲亂思緒，萬花迷人眼。

好像這些似乎都是真的。

但事實是否真的這樣？

佛法告知我們：「緣起性空，諸法非實。」世間萬相哪裡來？因緣而生，為此，也將因緣而滅。其沒有自性，自性空寂。世界所有的顯現，無非就是種幻相，如水中月、夢中花。我們以之為實，只是一種錯覺而已。

因此，錯的不在世界，錯的是我們凡夫自己。

記得，三十年前，福州一大批人靠著勇氣，冒著生命的危險，偷渡美國打工。二十年前，我們又有一大批人，靠著學識與努力，去美國留學。到了十年前，我們的另一批人，耗著巨款，絞著心思，投資移民去了美國。不同的時空，不同的幻相，因緣而起，迷亂眾生。美國的幻相誘惑著三代的中國人趨之若鶩。但這幻相，不是漸而破滅了嗎？因為，因緣不同往昔了。三代人中，不是有許多人又在往中國回返了嗎？

我曾於美國的洛杉磯好萊塢與迪士尼坐太空梭，體驗進入太空的感受。於其中，真自以為進入了時空的隧道，進入了另一個世界，因此，狂喜自己很快終於就要找到了時空的出入口，在那光、聲、動感、速度、視覺等等綜合強烈刺激下，人類似乎出現了瞬間的失憶，甚至休克，潛在的意識流被放逐了出來，導致了迷亂的生命狀態，產生了種種的幻覺。但是，那只是幾分鐘的事情，現實又把我拉回了我的世界，回到了腳下的土地。原來我還在人間。另一種時間與另一種空域，無情地把我一腳又踹回到了這個必須衣食住行與需要瑣碎生活的人道上。

在小時候，被教育——美國是地獄。長大了，被教育——美國是天堂。在地獄與天堂的幻相竟然依然還是幻相，何況其他時空。

為此，如今的我，對幻相的自我感受——看得比較淡然了。

喜馬拉雅山之珠穆朗瑪峰再高，人還是照樣攀上，踩下。雅魯藏布大峽再深，也有大地墊底。北極南極再大，還是被冰雪包圍著。太平洋中的巨鯊再猛，也不能吞盡大海的所有小魚，況且，小魚的死亡也不會換來牠的永生。既然如此，我們又有何理由不去欣賞：那峰上白雲自由飄蕩，那谷中小草從容生長，那極地的企鵝酷寒中潔淨，那大洋裡的卵石翻滾中堅硬而且堅強。

了知世界如幻，才能讓身心真正地放下，才會讓福德善業真正地成長啊。

攀登珠穆朗瑪峰
（Photo by Debasish biswas kolkata & Derivative work MagentaGreen CC BY-SA 4.0）

23

不如吃茶去

近日應邀赴武夷山，參加有關禪茶的雅聚。

「桂林山水甲天下，不如武夷一小丘。」曾經，郭沫若這麼說。武夷的山與水，確實有不少地方是獨步天下的。此次，友人熱情，活動之外，還安排深入桐木關，讓我們感受名茶金駿眉之源的靈氣秀韻。於其之幽之靜，幽中流清，靜中鳥躍，幾令我流連忘返。

有說，武夷山是「千載釋儒道，萬古山水茶」。也因此，品賞好山好水，目不暇接

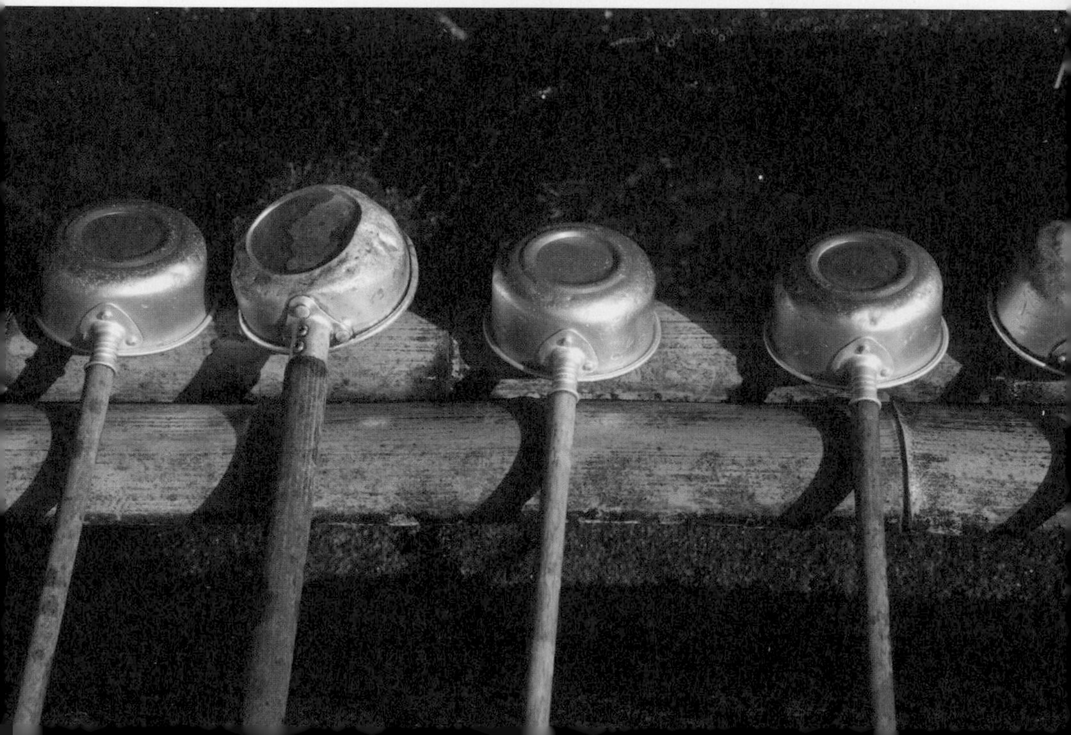

外，一路上還有品不盡的極品妙茗。

關於極品好茶，真是老天的慈悲恩賜。我們佛家，尤其禪僧，一直以來，與茶結有深緣，不僅種、製、泡、飲，百丈懷海的《清規》中，更把茶供制度化，從此，茶禪更一味，茶禪更分不開了。此中之茶，我們不妨冠之禪茶。

比丘本性乏精於茶，但喜好茶。對禪茶境界，我理解之，有四個層次，其層階遞進。

1. 禪茶之用。

這是禪茶的初級境界。其有三德，即修禪時助清醒，滿腹時助消化，欲望時助抑止。

2. 禪茶之禮。

中國是個禮儀之邦，重禮，講禮。禮中的一個特色表現形式就是酒文化。相聚相敬必祝酒，千杯方醉，一醉方休。禪家戒酒，遂以茶代之。這樣一來，供佛、供僧、敬居士、敬君臣，皆茶，便不失了禮儀之國之禮儀。

3. 禪茶之藝。

小時候，見老農用茶，大口大口的喝，很豪放、大氣。現在，人們喝茶，叫品，一小口一小口地啜著，好精緻、好典雅。這不僅有傳承，也有發展。古來就有茶藝，把品茶藝術化。

還有茶藝僧呢，如宋代的福全禪師，茶一杯，詩一句，「煎茶贏得好名聲」。還有北宋的處謙禪師，因其茶藝出神入化，竟被蘇東坡稱為「點茶三昧手」。也因此，於禪林，茶風鼎盛，有奠茶、普茶、茶會、茶宴、茶儀等茶事；有茶堂、茶鼓、茶頭等茶職；有茶狀、茶湯等等，不一而足。

4. 禪茶之道。

禪茶，從用、禮、藝，進入道。在這裡，詫異、愕然之後，禪悟了；寂靜、靜默之後，禪悅了。於是，濃隨濃、淡隨淡、沉隨沉、浮隨浮、榮隨榮、枯隨枯、香隨香、苦隨苦，沒有心機，沒有計較，沒有勝負，沒有榮辱，忘掉過去，淡薄未來，安於當下。一切的一切，沒有了自他，沒有了人我，原來如此，就是那樣。為此，才有了那麼多美妙的禪茶公案。比如：

人問：何為祖師西來意？

趙州禪師答：吃茶去！

人問吉州資福如寶禪師：如何是和尚家風？

師答：飯後三碗茶。

趙樸初先生亦有意味深長的禪茶偈：「七碗受至味，一壺得真趣，空持百千偈，不如吃茶去。」

因為禪茶的出世，派生了許多有意思的附加品，如禪茶之器。在西安法門寺地宮的出土文物中，便有珍貴的經典金屬茶器。而如紫砂壺等，出自名僧之手的，更是稱譽其史，如麥僧十八式。有段時間，我特意關注了一下茶馬古道與絲綢之路。當時，我就感覺，此道此路，都沒有離開過茶之主角。在這道路上，有友誼，也有仇恨，有大愛，也有陰謀。這更讓我想到，中國抗英的鴉片戰爭與美國抗英的獨立戰爭，這兩場戰爭，從某種程度上說，也是因為茶而引起的。因此，在這個世界上，單有茶是不夠的。為了友誼，為了大愛，為了以和平代替戰爭，在茶上，我們還需加上禪。要讓茶與禪統一融合，這才算圓滿。幾千年來，禪茶道路上，有的就是清風明月，而非血雨腥風，這也足以說明了我這觀點。

作為好茶者，在此，我祝福廣大茶友：有茶更有禪，從此，日日是好日，月月是好月，年年是好年

茶馬古道

24

心中的桃花源

一山，一谷，一虹。

山翠，谷幽，虹彩。

七月，夢夢相織的季節。撐一把黃布傘，雨中，棧道，湖濱，枯木，水草……。

山，是別樣的山。

谷，是別樣的谷。

虹，是別樣的虹。

你的腳步堅定而輕盈！你的呼吸急促而舒緩！你的容顏青春而靜美！

我為翠山而來，尋找人生的幽谷，追夢非塵世的彩虹。

我相信——

那山，還是那樣的高且峻異！

那谷，還是那樣的深且妙秘！
那虹，還是那樣的寬且秀奇！
曾經，一月、二月、三月……
我扁舟一葉，清風一席，白雲一縷，天涯棲息，時隱時現，只為那陽光，
雨歇，只為那棧生苔，湖變海，枯木新綠，水草魚來……。
那時，你告訴我：
霧，可為霧鎖；花，不為花開。
還有，秋月，縱可成為冬月，也終不是春天的太陽。
於是，我邁著韻律的腳步，來到心中的香格里拉——
草帽飛揚，帶著微笑；簫音清越，揮揮手！
我看見，草原上牛羊成群。
羊，是過得那麼輕快；牛，是活得那麼悠閑。

25

靜凝朗勃拉邦的山月

在這世界上，有不少地方值得我們留念，這其中，少不了琅勃拉邦，那天然之國——老撾的一個小鎮。

當我抵達時，那是什麼季節，我已不記得，我也不在意。我只記得，當我一踏入那片土地，首先映入我眼眶的，是那高貴的金色的塔尖。一路上，我見到的是錦簇的花團，成串的瓜果。寺院的殿角泛著彩色的光輝。僧人的袈裟之角在風中飛揚。天上的白雲，或絲、或帶、或塊、或片，絲得那麼飄逸，帶得那麼大氣，皆那麼清清爽爽、乾乾淨淨、輕輕鬆鬆、自自在在。

琅勃拉邦（Photo by Benh LIEU SONG CC BY-SA 3.0）

這裡不是一個發達的國家，不是一個發達的小鎮，但小鎮精緻、典雅。它的房子，我很少看到有三層以上的，多如獨棟或連排別墅。房子的材質多是木構的，這讓我適應喜歡。也許，出生鄉村，從小就與樹、竹、河、海為伴，所以，我特喜歡天然之境。天然之境讓我感到放鬆，否則，於現代的鋼鐵之中，我會莫名地緊張。或者，季節原因，或者，本來四季就是如此，在房前屋後，樹外還是樹，花外還是花，草外還是草，果外還是果，它們總是那麼新鮮，富有色彩。

房子之內似乎總與藝術有關。漫不經心的散步，走了一街又一街，走進的店內，見到的，總有金雕、銀雕、銅雕、鐵雕、石雕、木雕、竹雕、藤雕以及紙藝、布藝、花藝等等。我以為，我走進了藝術小鎮。確實，我走進了藝術小鎮。

我住的是一座小木房子，隔一座房子，便是寺院。在自己的木室之內，尚可聽到寺院的眾僧誦經之聲。走到陽臺，

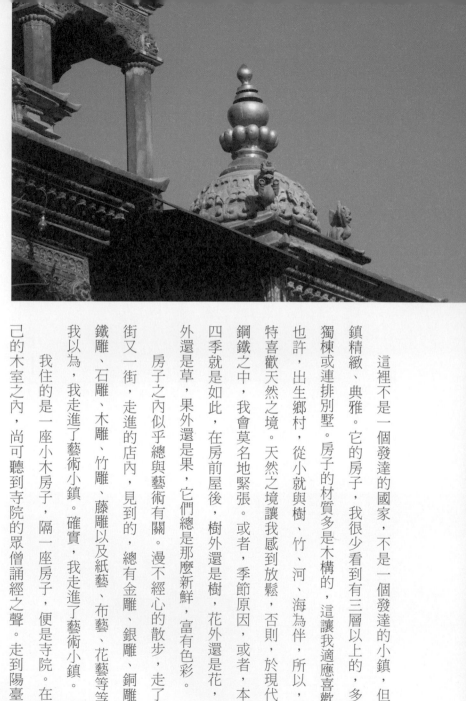

有時尚可聽到寺院屋角風鈴的脆響。

我的屋前是條河流，河流不小，可惜，水流有些濁黃。問當地原住民，說是近期雨季，雨水多，故如此。據說，溯此河而上，便可到達千佛洞等一些聖迹的地方。

有時，坐在濁河邊上的簡易草木棚子底下，要一杯當地原住民推薦的土咖啡，聞著其特異的清香，看著河水中偶經舟上的黑黝黝黑舵手，想到他們在風雨無阻中的滄桑，我感到自己是那樣的幸福與幸運。

人生就是這樣，要懂得知足。知足，是船的港灣，是身體的床，是心的禪，是我們小民們的幸運與幸福之感。

也因為這種知足感，我的出行多選擇背包客聚集居住的地方。有朋友問我，那樣安全嗎？我笑了，難道我的命比那些各國的遊客們高貴貴重嗎？何況，他們多還比我年輕呢！再者，難道我隨身的比他們更值錢嗎？我只不過袈裟一襲，香袋一個，況且，這還不是我的。哪個不是別人的？我只是暫借擁有一用而已。

為此，近年來，我住過老撾朗勃拉邦的小鎮，柬埔寨暹粒的小客棧，越南胡志明市范五老街的小吊角樓，緬甸蒲甘塔林邊的小磚屋，斯里蘭卡可倫坡海邊的漁家。這些住處，由於簡樸、潔淨、天然、生態、原始，讓我更清晰地、更直接地感受到我生命的真源本質。我相信，這將讓我的生命減少負擔，讓我活得不為無謂的束縛而束縛。從而，讓我們更接近——雲卷雲舒，隨他去；花開花落，任自由。

朗勃拉邦給我印象最深刻的，是它的山月及其月色。

有一個夜晚，於陽臺之上，我在看著我的書，然後，寫著我的小文章。當寫到一半，無意中，我抬頭一望，一輪清月，渾若透明，天空之中，高高而掛，邊際的彩暈好似迷幻的夢境，於月輪之周，一層一層地，一圈一圈地，泛散開去，然後，隱入月夜神秘天空的迷濛之中。那月，讓我突然感覺，確有嫦娥其中，或許，她就是後來的月光菩薩，正於其中講經說法，以眼慈我們，以眼慧我們。亦千手千眼，把眾生召喚。

記得小時候，山月總是那麼清晰、分明，也因此，總是那麼迷人。因為，大氣中污染少的原因。在這朗勃拉邦，由於未經工業化等的開發，因此，有著難得的好空氣，好天空，好環境。也因此，它的山月及其月色，若不迷人，那才怪呢！

我喜歡朗勃拉邦的山月，尤其它的月色，願其長明，並長照於我。

26

欲到無求品自高

古語說：有容乃大，無欲則剛。事能知足心常泰，人到無求品自高。

由此可知，欲求是障礙我們純淨、提升的擋路牆。

佛教裡有句話：「勤修戒定慧，息滅貪嗔痴。」在這，貪嗔痴被列為人生「三大毒」，這三毒會毒倒我們的戒定慧，令我們沉迷於顛倒夢想與恐懼畏怖，而三毒之首便是貪，即欲求。

欲求的對象密密麻麻、雜亂無章、毫無頭緒，而且千變萬化、不可捉摸、不可自主，比如：權位、名利、愛恨、情仇、不老、長生⋯。世界之大，無奇不有，但有誰──在此奇迹發生了！誰的擁有不是短暫的？誰的擁有不是最終被擁有的所拋棄，徒增失去的苦痛？

曾經，我參觀過美國的好萊塢，這是個不斷不停地開幕落幕、上臺下臺、忽悲忽喜、忽哭忽笑、忽男忽女、

忽生忽死的地方。直覺告訴我，這不是影城，此乃這個世界；這不是電影，這是人生；這也不是舞臺，這正是我們的這個社會！在這個影城，誰都可以很強大、很尊貴、很純美，誰都可以在這舞臺，任意地表演，任意地跳與舞！在這個電影裡，誰都可以為自己設定個圓滿的結局，甚至為下一集的精彩到來埋下伏筆，做好精彩準備。但是，在這個世界、這個人生、這個社會，有誰可以如此地連戲都演完了，還不落幕、還不卸妝、還不下臺、還不走人？沒有句號，也沒有休止符？

作為眾生的一種，人可以有許許多多美麗的願望，但不可以一定要擁有許許多多美好的奢望。人本身就是殘缺的，何況殘缺者的希望。為此，也讓我想到，我們不應強求完美或完整的人與完美的或完整的事。因此，慈悲者與智慧者往往懂得在這大宇宙的完美與殘缺中遊走。包容、退讓、協調、適應、中庸、中道。不把石頭搬在別人要過的路上，更不把腳伸在盲者要過的途中。

這是個奇妙的世界，我們找不到一個只有單面的東西：方位有前必有後；手掌有掌心必有掌背；有白天就有黑夜；一張薄薄的紙張，也有正反之向。這說明，在這社會，我們自認為有失的，也必是有得；有退的，也必是有進；有敗的，也必是有勝；乃至，有死的，也必是有生。

由此看來，老莊的自然與無為，確實是種高超的處世為人之道，是符合世界、社會、人生的運行規律。曾經，我認為，這過於隨意、隨性，缺少主觀能動性。為此，我更推崇達摩、慧能的禪，既談放下自在，又說精進奮起！現在看來，老莊之風，與達摩、慧能之風，吹的是同一種正能量，只是

提婆達多謀害釋迦佛

量小量大、速慢速快的不同而已，當可互為參用，互為輔助，同趨不二主題！

道法也罷，禪法也罷，我們要罷的是眾生的尤其人類的欲求。欲求不罷，靜思何來？淨心何來？心不淨，思不靜，品如何高之？

曾經，提婆達多隨佛出家，鍥而不捨，修煉苦行，但他就是不捨名位，老顛倒夢想，欲求取代釋迦牟尼，自為教主，統領僧團，從而墮入魔障，數害釋迦佛。即便今日，想其所為，亦令人不勝唏噓。

福州籍的林則徐以嚴禁鴉片烟而著名。他對貪官深惡痛絕，謂之「狗官」。為以身作則，他在自己客堂親書對聯，自警自省自勉自勵，曰：「求通民情，願聞己過！」又在工作的府衙親書對聯：「海納百川，有容乃大；壁立千仞，無欲則剛。」

唐代高僧慧休禪師一生節儉，穿的一雙麻鞋，補了又補，用了三十年。皇帝感其高德，屢次召他入京任職供奉，他都稱病辭謝，不肯前往。

他們都是欲到無求品自高的典範啊。

27

千年的紅塵，萬年的伊甸山

水的藍，山的青。
三月的陽光，如你的臉，如夢。
走在奧克蘭的小街，人少、車稀、悠閑、緩慢。
一芒鞋，一長衫，一如千年的紅塵，萬年的伊甸山。
風長吹過，萬載億載。
雨長刷過，億載萬載。
多少春秋的雲彩，多少春秋的火山，多少世紀的運動，多少世紀的煎熬。
攀在等待噴發的伊甸山上，我沒有答案。

山上、山中，數樹蒼老，似已見證了地殼變動時的那個夜晚。踱步其間，一位老者，茫然的表情、呆滯的目光，他坐在古樹之下的木凳之上，孤獨、滄桑，似已不願再離去，在等

待火山的爆發，等待那個火紅的死亡。當我請求他幫我照張像時，他沒有回應，保持著沉默，視我不復存在。或許，他只有他的地心世界，沒有了這個花花世界的嚮往。

站在伊甸山上，放眼四周的遠方，樹、城、河、塔、路，它們相間著相間，紅、綠、黃、藍、灰，互生著互生，我不知道它們有多少的過去，也不知道它們有多少的未來。想到腳下的火山，想到腳下火山正在醞釀著的岩漿，看著腳下火山曾經噴湧而成的創口，看著滿山遍及的火山焦岩，我想到了那個帝國的興衰與榮辱，就如博物館裡的舊物，歷史的，終究要歸於歷史，不是歷史的，也終究逃不出被歷史的命運。就如這片土地所在大洋上曾經來來往往的利炮堅船，就如那位女王。其實，同樣命運的，何止這些。

夕陽西沉，伊甸山下星光環野，那是天上的街市，那是人間的燈火。據說，這座城市就坐落在火山堆上，那兒，有誰在驚懼何時的未來，誰與誰會與火山一同焚化輝煌。這彰顯了人類面對未來的勇氣與活在當下的力量。同時，人類雖說目光仰視的是高，平視的是遠，但俯視的又何曾就一定是謙卑與禮讓？往往，那是陰謀與卑鄙，那是遮掩與虛偽。其想到的就是一時的僥倖與逃脫、欲望與瘋狂，以及欺騙與自我欺騙，卻很少自覺地想到奉獻與犧牲！當然，這不是人類的原始本性與終極嚮往。

下得山去，踱步小徑，樹茂草繁，我幻想著，有個毛利人隱身其間，跳著她那回到過去的狂野舞蹈，度引我到她的國土，感受其不識文字的簡單，不吃麵包的質樸，以竹杆為武器，以樹皮為衣裘。可是，毛利人而今又在這裡的哪裡呢？

這裡，唯留萬年的伊甸山，千年的紅塵。

28

不為良相，就為良醫

世界有成住壞空。

人生有生老病死。

佛陀說：人是個天生的病人。生意謂著死。腐朽是絕對的。肉體無法永恒。針對生老病死，佛陀給出了苦集滅道的妙方。為此，我們說：佛是大醫王。人生之外，關於社會。佛陀說：由於偏離了慈悲與智慧，這不單指政治、經濟、文化、道德、信仰等等，所以社會雜亂無章，陷入混亂。

為拯救沉淪的社會，佛陀也啟示出了他的路線圖，即慈悲與智慧圓融的轉輪聖王，和諧與和平的淨土世間。

中國人說：「普天之下，莫非王土；率土之濱，莫

阿瑪拉瓦提大佛塔（Amaravati Stupa）中的轉輪聖王浮雕

非王臣。」雄心萬丈的歷代明君，多想一統天下，為天下共主。當年大禹以治水之功，天下百姓風行草偃，儼然「奄有四海，為天下君」。他設九州於天下，鑄九鼎一一鎮之。從此，國之重器置之宗廟！堪稱：天命所歸。不料，傳未久遠，便有「三年不飛，一飛衝天；三年不鳴，一鳴驚人」的楚莊王前來問鼎，心懷叵測。周天子使節王孫滿的回答，甚是體現功夫，他說：「得保天下，在德不在鼎；德厚，鼎雖小也重；德薄，鼎雖大也輕，您就別問了。」

王孫滿的回答展現了華夏久遠以來，作為天下共主者需具備的內聖外王的一面，這與佛陀的轉輪聖王理想有異曲同工之妙。

既然，佛陀能夠給出理想的路線圖，而且，他又是個慈悲與智慧圓融的覺悟聖者。為此，我曾一度納悶，佛陀為何不因此而順理成章地成為轉輪聖王呢？歷史沒有假設，也不可假設。佛陀放棄了成為國王的機會，更放棄了成為轉輪聖王的希望。佛陀要成為法王，他要成為大醫王。

比丘本性，從俗上說，我比不得大禹九鼎上的一顆鐵銹。從僧上言，我比不上佛陀袈裟上的一粒金塵。曾經年輕，躊躇滿志，要為良相。世事滄桑，而今才真正了知，良醫才是價值，也才是出路啊。

29

北京798藝術區漫行

時空的長短寬闊是不定的，隨心情、隨心境而不同。經常，我看《華嚴經》，就體驗到身心靈陷入到三維、四維、五維、六維的時間空間中。

小時，有人告訴我，這裡沒有夢，我不信。長大了，我的信念沒錯，終於有了夢想。而這時空，更讓我的夢想延伸，長出羽翼，幾欲飛翔。

看北京798藝術區，也給我了類似的感受。

朋友曾是北京電視臺某節目的主持人，今在某外語學校服務，因我們一舊識從大使崗位退下，回其故國，現主持其國某個部的事務，托話相邀我們前去看看，為此，在京公務之機，我們就先行一聚，聊及此事。

當朋友把我拉到798時，我還空著肚子。找了家街邊的小食吧坐下，要了煎餅和牛奶時，幾個初高中學生模樣的白人小孩進來，邊點小吃邊作弄看似同齡的服務小姐，邊說邊笑。

透過玻璃窗，小食吧的對面是一個小廣場，一些雕塑，甚至有由幾十把椅子疊成的。看來，藝術是很平常、很俗氣、很生活、很街頭的東西，就看你怎樣把這些東西變成藝術。視線更遠處，高聳入雲的烟囪矗立著，土氣粗氣，肯定是改革開放前的作品。原來，這裡本來就是工廠，破產停產，空置多年。後來，有藝術細胞的流浪者廉價租得其中的某個小角落，作畫棲身，久而久之，物以類聚，甚至匯來了知名的大腕大家，終有了今天的規模。

人說，在北京看傳統的，可以去琉璃廠、宋莊、草場地，甚至長城、故宮，而看新銳的，就這 798 了。798 就意謂著：創新、創意。原為廠房、車間、煤氣管、烟囪、鐵軌、磚牆，臉上寫滿歡喜與苦難，寫滿幸福與哀傷。這些，經藝術家的妙手

北京798藝術區（Photo by Leeluv CC BY-SA 3.0）

改造，純樸的純樸得出奇了，古拙的古拙得出奇了，俏皮的俏皮得出奇了，逗趣的逗趣得出奇了。本來是幾根大圓鐵管，被扭幾扭後，就變妙品了。本來是一堵倒了一半、苔迹斑斑的破舊磚牆，被該去的去，該修的修，就成極品了。

此去之前，朋友之邀，我還擔心，袈裟一身，是否會與此環境形成太大反差，一去之後，卻頗感相融相應。因為，這裡雖創新，卻基於傳統，把傳統與創新有機地結合，恰到好處。在一個冠名「洞鑒」的孫曉晨作品前，如果不是館內小姐熱情為我解釋，我還以為那些是真的舊相機的展示，不料，卻是雕塑，還融匯了景德鎮的陶瓷工藝，實為奇哉奇哉，妙哉妙哉。站在這一大組的舊相機前，靠在一張半懸的舊木椅邊，我有一種時空倒置、去者今來的感覺，只是，不知去者可有此感知。出門的一刻，我在想，翻翻這些老相機中的老底片，不知能否找到那些去者的影像，以使去者今來，成為今者，成為新人。但我知道，門外的寒風告訴我，那只是時空各異的一場清夢而已。這夢既不是烟囱，也不是磚牆，無法苦撐存活到今朝。

在這「洞鑒」展地的不遠處，有家店，門裡門外皆是人頭骷髏，有個舊式水杯上標著「奉旨乞討」，有標語寫著「尋找人類力量」，還有件標誌死神穿著的黑衣掛在牆上。店裡處處骷髏，戒指放在骷髏眼窟，項鍊圈掛在骷髏項上……我的進入，自覺有托鉢的古代禪者進入墳地靜坐之感。

在一個署名「巧合，凝聚了這一刻」的地方，一個寬大方臺上是一張寬大的唐卡，嚴格說，是正在創作中的唐卡。幾位藏人畫師正以心血凝繪色彩。他們無視客人們的到來與拍照，在聚精會神地構思中或創製中。當畫了許久的其中一位轉換身姿時，看見了正凝神欣賞他們創作的我，他同我合掌，微微笑了一笑，那是同行間的心照默契與心照不宣。對著唐卡，我在心中默默祈禱：一切見者願者，夢想成真。

記得著名的蔡元培先生以一個卓越教育家之見識，於二十世紀初，就曾提出：「以美育代宗教」。這裡，不談美育是否能代替宗教，但藝術美育的文化化人功能，卻是實實在在的。如果沒有藝術，人的生活品質，人的生命品質，就無法得到相應的提高，因為，藝術是人類感覺、感知、思想、精神、文化、文明的再現與昇華。

非常有趣的是，在那個提倡藝術不提倡經濟的年代，卻沒有藝術。在這個只提經濟不提藝術的時代，藝術卻自己冒出來。我在想，藝術與宗教，僅一步之遙，藝術，已聞到了宗教的體香與氣息。藝術的繁榮，必定是宗教興旺的前兆。

希望，898、788、899 之類的 798 藝術區不斷在中國大地上湧現。

30

對人類中心主義的反思

我們有位小佛友生在佛化家庭，生性慈悲慈善。有次，她父親的朋友從海外給她帶去若干熊膽以為贈禮，她堅決不收，還勸來人以後千萬別買熊膽。這讓我想起，早先的時候，印尼的朋友送來一些貓屎咖啡，她隨他父親來訪時，我將這轉贈予其父，她就力勸其父勿收，使得我與其父現場好不尷尬。不知她為何出了這心斯言此舉。

昨天，福州開元寺舉行一個活動，她代表其家族來拈香。法會後，她懇切地請求我寫篇文章，說談放生與護生的。我問原因，她說：要以此功德回向給她母親，因其母親最近貴體有些微恙。我聽了好感動，她雖年紀不大，卻如此懂事，是個大孝女啊。我也因此

感到欣慰——佛法的教育是成功的，這就是個典型的鮮明例子呀。

談到放生與護生的話題，我就想到世人奉為圭臬的人類中心主義這個肇事禍端。關於人類中心主義，其實，似乎與某個宗教有關。某宗教在創世紀中斷言，某某以他自己樣式造人，讓他們去掌管土地及地下地上空中其他生物。該宗教曾認為，地球是宇宙的中心，人是地球的珍稀，因源於某某的創造。因此，人是地球的中心。一切其他生物與非生物應圍著人轉，為人服務，服務於人。以人為尺度，衡量一切。人統治其他生物與自然，是天經地義，天然合理的。該論斷有其積極價值的一面，人權與科技由此產生。但也因此導致了人類的自我膨脹，導致了對科技的盲目依賴與利用。人的自以為有高智慧，自以為有優越感，以自我為中心，導致了人的自私自利，貢高我慢；導致了人與人的爭端、爭奪，爭鬥得你死我活的；導致了人對非人動物的藐視、輕視、虐待、虐殺；導致了對自然的破壞性征服，美之名曰開發。由於科技的發展，發展的科技成了人類壓迫其他生物與自然的冷酷幫凶。今天，人類無限度無底線地向其他生物與自然瘋狂索取，就是人類中心主義顛倒人生與世界觀的惡果。

在佛教，佛陀很明確地告知我們：眾生皆有佛性，皆將成佛，人與蟲魚鳥獸都一樣。本質上說，一切眾生悉皆平等。這是教主釋尊菩提樹下證悟後，給我們的第一個啟示。因此，佛陀教導我們，要放生與護生，要保護所有生物的生命權。當然，這也包括人的生命權。他說：虐殺動物，神看了，也會痛苦地吼叫。佛教為什麼倡導非暴力，為什麼提倡素食，也是因為關聯於此。

佛教的理論基石是因緣說，因緣說認為，世間萬物互為因緣，互為因果，互相聯繫，如華嚴境界因陀羅網。因此，萬物世間，相互依賴，是個命運共同體，共存共生，不能獨存獨榮。為此，互相之間要互相珍惜，互相照顧，互相合作。人與自然的相處之道，也是如此，應和和諧諧。

世界的平等與公平，聯繫與因果，真的是無時無處不在。這不受時空的影響。我們暫且讓過去的過去。只例舉現在；人與人之間的相互算計、訛詐、陰謀、妒嫉、憤怒、仇恨，如果說，江河還尚有乾涸枯竭的一天，而這似乎永遠不會停止。世界因此多了辛酸、苦痛、凄涼、無奈，甚至絕望。而人與其他動物之間似乎只有以大欺小，以大吃小，只有放血撥毛，腥天哀地，殺戮了再殺戮！非人的動物們只能忍受了再忍受，恐懼了再恐懼。而人與自然只見是開發著破壞，保護著破壞，自然已經是滿目瘡痍，就連南極、北極、喜馬拉雅山也不能倖免。

佛陀說：向天吐痰，會落向自己；逆風舉火，會燒向自己。我們如何待人，人會如何待我們，我們如何待物，物會如何待我們，我們如何待事，事會如何待我們。人類的自我膨脹與濫用科技，終於害到了自己。人在報復著人。抗爭、鬥爭、乃至戰爭。非人動物也在報復著人，牠們要麼乾脆絕種了，要麼染上了各種瘟疫傳染給人。自然也在報復著人，溫室效應，氣溫升高，霧霾滿天，旱澇無常，甚至地震襲來，火山爆發。今天我們人類這種只顧自己滿足欲望，而不兼顧其他的行思，終於嘗到了被嚴厲報復的苦果。

思想決定行為。理論指導實踐。

人類想拯救自己，就應先拯救這個世界。想拯救這個世界，就須先拯救自己。要拯救自己，首先

就要反省自己的思想，要正念，正思維，正見才行。在我個人看來，人類中心主義，先不說它是徹頭徹尾的謬論，起碼也是一種極其有害的邊見，甚至邪見。我們人類對此思想，對此理論，應進行認真的、嚴肅的反思。這事關生命的生存，自然的和諧，乃至價值的呈現，真理的彰顯。

行筆至此，我又想回到小文的開頭。我們的那位小佛友為何拒收熊膽？為何阻止他父親收受貓屎咖啡？

因為人類從熊身上抽取熊膽的過程，就是一場慘無人道、令人髮指的對熊的折磨與戰爭。作為一個僧人，我不忍用我的筆來具體描述其過程中熊的慘況，但是我要告訴讀者的是，曾經有一隻老熊，也許由於神經無法忍受隔壁間小熊日日月月，月月年年被人類千方百計地強制抽取膽汁而產生的痛苦慘狀，老熊瘋狂地以命相抵，發瘋地撞擊相隔的護欄，終於將之撞破，發狂地把小熊咬死，然後再自撞而絕。我的理解，老熊寧願把小熊推向死亡，也不忍看牠這沒有窮盡的苦痛。在這種情況下，死亡是種幸福，是種快樂，是種解脫。在這裡，人間不是天堂，人類不是朋友。

而那貓屎咖啡，是印尼一種野生麝香貓的糞便。因為牠愛食咖啡果子，但又不消化，原粒咖啡豆就還原出來了。這經特別技術處理，便成咖啡的珍稀。本來這無可厚非呀。可是，由於這咖啡的價格很高，就有某些人開始想出歪心思來了。他們開始人工圈養麝香貓，強制餵吃咖啡果子，強迫拉排泄物。沒有反抗之力的可愛小貓只能被迫日日月月、月月年年，不停地、無休止地納泄、泄納，直至承受不住而倒地，停止呼吸！

我是一個佛教的信仰者，我堅信這個世界有基本的真理，而因緣與因果就是其中之一。佛教始終認為，人類是這個世界的六道之一。這個世界還有許多形式的生物存在，牠們雖然處於不同的道，但都是生命，都值得我們善護與尊敬。因為，牠們都有生命的尊嚴。而自然界的和諧與美好，則是這生命存在與尊嚴的基礎。

我們人類在這六道之中，並不比其他的尊貴點什麼！我們也不是其他道中生命的管理者或主宰。我們也更不是善惡、是非、對錯、好壞的裁判。這些自有規則，只由因果之律說了算。這個世界也不由某個主體創造。世界只是因緣而生，然後因緣而滅。我們這個地球也不是宇宙的中心，我們人類也談不上一定是地球的最高貴者。因此，我們人類一定要為整個大生物圈定好座標，把人類自己先定好位置。否則，今天我們有幸在六道中勉強為了人，弄不好，明天我們就輪回到了被人類自己視為低級的其他生物道中去了。

寫到這，本文就要結束了。剛才我把本文的一些主要部分，念給我們的這位小佛友聽，她感動激動得連說話都有些哽咽。她說：「大熊、小熊、老貓、小貓一定會感知得到您及這篇文章中的慈悲之心的，牠們如果能夠身得自由，或輪回為人，一定會前來跪拜法師您的，淚雨漣漣的。」

願這世界：無緣大慈，同體大悲；情與無情，同圓種智。

31

走在聖地亞哥的東方吉普賽人

聽一段自己的心跳，走一段自己的路，在聖地亞哥的秋涼季節，於濱海的嘉拿多（Coronado）。

風，吹著航空母艦上的星條旗，也吹著輕盈飛動的無所事事的海鷗。飛機有節奏地次第飄落著，飄落著的還有岸邊那不捨的黃葉，牽掛著秋楓。

站在士兵的雕像前，昨天到達這裡的我，像水面上那快艇上懸掛著的白色的帆。心晃動著，不知是因為水的波動，還是甲板的飄浮。

嘉拿多（Photo by Djh57 CC BY 3.0）

這是個傳奇的海港，鐵是那樣的灰色厚重，水卻是那樣天真的藍。我想，這是美國海軍的寫照，也是我們這個時代個人的縮影江湖。

嘉拿多酒店是個百年老店，屋頂的圓形金字塔尖，寓意著它賓客的頂層設計。在店與海之間，在縱橫交錯的亭閣棧道欄杆之間，濃熱咖啡飄忽的香氣，牽引著我的視線——那裡有幾個警察和一個吉普賽老人。

讀過幾年的書，走過幾段的路，我瞭解到：流浪是吉普賽人的宿命，他們總在路上，沒人推搡，也沒人牽引，從一個空間到另一個空間，從一個時間到另一個時間。日落月出，風雨無阻。他們走累了就停，停了又走。似乎路永遠沒有連著他們家的門楣。或者，他們除了家鄉，根本就沒有家。因此，出發了，便永遠出發。雖常回望，卻無回返。久而久之，故鄉的路便荒蕪了，想回也回不去了。

當我說到吉普賽人，我就想到我自己，我是否也是個流浪的吉普賽人，東方的。每天的開始就如每天的結束，推門拉門，一個懸念又一個懸念。一個輪回又一個輪回。沒有約定，只有偶然；沒有終點，只有停頓；沒有離別，只有相逢！一個人的流浪天涯，一個人的狂歡舞蹈。

《吉普賽人紮營的篷車》梵谷繪於1888年

有人與我玩笑：你禪旅的江湖，會不會有愛恨的殺手？我想回答的是，我又不是唐玄奘，哪裡有女兒國？但我希望我是玄奘，因為：堅忍，在路上；感應，在路上；勇氣，在路上；導師，在路上；聖殿，在路上；真理，也在路上。

我曾羨慕那位高更，一夢醒來，就現身大溪地島，過著人類剛起源時那種自然人的生活。那是一種怎樣的高峰體驗啊！

據說，奢華與苦行都沒有使釋迦太子成為佛陀。成為佛陀的奧秘還是在中道旗幟下的禪旅，先禪後旅，有禪有旅，有旅有禪。禪就是旅，旅就是禪，禪旅合一。於是，我便把高更與大溪地島暫放了一邊。

也有人小心地暗示：那自殺的海子和殺人的顧城。真的，我很感激與感恩他們的善意，他們足以成為我一生的手足，高山流水。

但我堅信，路可以是我肩上的擔子，卻不會是我頸上的繩索。或許，可以壓垮我，但窒息不了我。路或許會讓我抉擇雙腳，但不至於忽視腳步。我這人或許不神，但我的腳步豈能不聖？我或許可以自我作賤自己的軀體，但又怎能放棄自己成為靈魂的貴族？

我的流浪，或許是次夢遊，但夢裡的我，既已不醒，那麼，我就相信，就定會找到一條回歸故鄉光明的路。

在我還在埋頭想著這些的時候，有人告訴了我，那吉普賽老人也許是病了，我看見警察們把他扶在路邊的人行道旁。

仰望嘉拿多酒店花圃的褐紅色屋頂，在落日的輝光中，泛發著紫金的光。走廊上掛著曾經的部長、明星、富豪的華貴畫像。在清澈的泳池邊，有個可愛的小孩品著她的冰淇淋，從她的表情可以想像那一定是好甜的。有對情侶問我，可以同他們合張影嗎？我笑笑，上車而去。

當我寫此短文時，只是不知那吉普賽老人怎麼樣了？而且，他真的是吉普賽人嗎？

32

守護佛前的這盞燈

山靜，夜寂。

霜未降，雪已臨。

披風一襲，芒鞋一雙，踱步在默默的木棧道上，風，細語隱隱。

那是冬日的一個夜晚，我站在星光之下，無意想，無心思，棧道旁的花草，不再是白天那樣的黃，棧道邊的樹葉，也不再如白天那樣的紅。仰望前方，殿堂的燈光，在薄霧中散著光暈。記得，那殿堂的正面有兩個遙相呼應的匾上題詞：月起、雲來。

這木棧道建於數載之前，她像一條長龍，從公路蜿蜒接到殿堂。其中，所過之處有一潭碧池，倒映著枯枝，些許的魚兒游成水畫。

順著燈光，我的腳步輕輕，我不願芒鞋在木棧道上留下痕迹，我更不願芒鞋邁出腳步的聲響。當我抵近燈前，我發現，那是一盞燭火，玉佛之前，忽閃著微弱的苗焰。我好擔

心，那山風會否無情，於某一個無明煩惱的時刻，突然殘酷地把燭火熄滅。

匍伏佛前，然後，我關上殿門，這是一個足夠讓我容身的殿堂。我不擔憂關上門後空氣會變得稀薄，以致我悶絕。我只憂慮，是否有足夠的氧氣，以使燭火放光，並且持續！

跨出殿後的小門，我踱上數級臺階，那裡有清泉一泓。凝視清池，水中，星光數點中似有燭光一盞，映照著我的孤影。

此刻，我好想把那燭光守護，儘管，我是這樣的孤零。

33

行思在基輔的舊石街上

昨夜花落昨夜風。

清晨，細雨濛濛，晨光初露，踱出客棧的小巷，於異國莫名的街上，行走。

風，吹過。雨，飄落。

行人若無，電線桿上殘留著昨夜的燈火。

那是九月的基輔，涼絲夾雜著寒緒。男人光著頭，脖上圈著圍巾。女人上身加了夾克，卻不加裝飾那如長頸鹿般的腿。小孩奔跳著，口中呼著白色的清氣，微紅的臉上，讓我們想到了自己漸逝的青春。

明天，我就要離開這裡了，回去。心頭有些惆悵，以及有著些許的眷戀。雖然，這個城市與我無關。但我想到，人生多是一條陌生的路，許多時候，走過了，便不再回頭，不是沒有機會，而是還有更多的路要走。這次我回去了，我怎知道，是否還會從這走過？

基輔街景（Photo by AMY CC BY-SA 3.0）

我曾說過，我的人生是路上的人生，我的生命是道上的生命。道路融合了我的信仰與靈性。道路予我，幾乎意謂著一切。從出生以來，直至今天，除了道路予我的恩賜，我一無所有。為此，我只期許，道路以我的汗水湧動，或許可以在我的人生與生命之上，加蓋我的夢幻之章，使其殷紅的印迹，力透我的靈魂，關閉前生的罪業啟閥與來世的福德末端，使「我」不在，使我永恒。

基輔有很多石頭的道路，車行其上，發出鏗鏘的聲響。這些石頭多是舊物。面上或許因為時間的久遠、磨礪，已使之變得光滑。行走其上，像踏著一個過往的帝國。只是，而今帝國夢醒，只留下這些面兒光滑的石路，見證與追思著那些早已過往而未必再來的榮辱與沉浮。

想想人生也是，帝國之夢尚醒，何况區區的我們？為此，我很少想過要做什麼熊熊燃燒的火炬，我也沒有想過要長眠長夢。我只慶幸我是一點螢火，忽閃於暗夜：一刻的搖曳，也有可能永生。

有些時候，我的朋友也常問我，你為什麼這麼喜歡往外行走呢？我知道，一千個問題有一萬個答案。我經常回答他們，我只是想出去透口氣。真的，有些時候，行走，只是為了透口氣。我在我的地方，這片土地有太多的圍牆，太少的視野；有太多的水泥，太少的樹。我的空氣中有了濁塵；我的陽光中有了烟靄。我時常感到，我好窒息，我的呼吸不能自由。於是，為了健康活著，我只能選擇向外行走。

行走是苦的，但又是樂。一個人的行走，是一個人的狂歡。行走中，收穫的不僅僅是風景，還有腳力。腳力對行走者，意謂著沙漠上的駱駝，海上之舟。我曾因腳力不支，首登斯里蘭卡的亞當峰時，半途而止。我也曾因腳力不支，於一莫名的山上下來時，一時不慎，連人帶包摔下數階，幾近受傷。有些人因有腳力，雖摔下了山坡，卻能重新攀上峰頂，一覽群山，這讓我們由衷地敬佩，也因此，他更折腰了多少的英雄。

行走，還是心的密碼。許多時候，心的空間堵塞了，行走可以將之疏空。有時，心的空間太空了，而行走，又能將之充滿。我甚至將行走比作人生的詛咒，我必須以虔誠的心志，以信仰去兌現，以生命去償還。

許多時候，我們中的一些人也想著行走，但心有餘而力不足，他們沒有辦法，他們邁不開那雙腳中的第一步。心鎖鎖住了他的心，就如腳銬扣住了他的雙腳。他們紅著雙眼，在生與死之間徘徊。在這，行走似乎就變成了角鬥場，我們站著衝進去，可能是躺著抬出來。因為這樣，有牽有掛的人們，即便赴了盛宴，因為代價之大，他們也不願冒險伸手，寧願看著美味佳餚而挨餓。

我知道，這不是他們的錯，畢竟他們不是超人。在我們這個世界的某些角落，窩活著許多黑色的幽默！由於我們的這等渺小，我們斷然無力挑戰它的威猛。這個玩笑的江湖，不會為他們佩劍，他們沒有了自己的幫可混。於是，他們只能逃離這個角落，隱身這個江湖之外的江湖。

行走至此，我忽然想到唐英年。他年輕時也是四處求學，四處游走。後來，時運濟了，便當上了香港財政司司長。後來，競選香港特首落敗。今天，據說，他開始賣葡萄酒了，在法國的勃艮第等還弄了不少酒莊。

我想，這也真的很好！

34

名的浮雲托不起風箏

什麼是浮雲？名是浮雲，我也是這麼認為。

古人成器多早，所以成名也早，也因此，較能於人生中提早將名參透、悟透、看透。

人生是需要「透」的。

透，是桶底脫落的境界。

有透才能頓悟，才能頓超。

比丘本性，如古人所言，近知天命了。如此年紀，如還以空為實，以無為有，那麼，豈能不為名所累，作名之奴？

古之高人似乎有言：「天下熙熙，皆為名來，天下攘攘，皆為利往。」還有高人說，那江上來往穿梭的無非兩條船，一為名船，另為利船。

為何天下人都是非名不「嫁」非名不「娶」呢？因為名是皇冠，是皇冠上的花朵啊！之於我，我希望自己是皇冠下的腦袋與花朵下的根鬚。

我是一九八五年出家的，我的初衷不是為名，在那個時代，那個年紀，作那決定，也不可能是為了那種訴求。名在禪門是什麼？只是浮雲而已。托起風箏的不是浮雲，而是空氣，或者風。我向來認為，名不是真的聲音，不是實的形象。盛名之下，未必名符其實。比如，只是純粹有名的名僧，堪比高僧嗎？堪比聖僧嗎？甚至，堪比行腳僧嗎？

我是個不慧的人，所以，我想笨鳥先飛，這是我常看書勤寫文的原因。看著看著，寫著寫著，便成習慣，便成喜歡愛好了，如此而已。聖書也罷，凡書也好，都告訴我一個道理：名不能讓我們免除生、老、病、死；名也不可能讓我們一步登天，上升到佛國去。而名卻可能成為我們的穿心箭與斬頸刀。名讓一個缺少博名功夫、守名功夫的人，完全暴露在名場的光天化日之下，成為天下奪名擂臺上的被挑戰者，天下名手如林，那麼，以我們這些人的區區之招，還不傷定死定？曾經，獅子比兔子有名，但獅子快滅絕了。恐龍比獅子有名，但

恐龍已經滅絕了。

名既浮雲，能有多重？

名既不重，人豈能因之而重？

曾經，蘇東坡很有名，因為有名，所以他就自戀、自負、自滿、自傲，也就自我。他屢屢要與禪僧比高低，與佛印比，與承皓比。

有次，蘇東坡拜訪玉泉承皓禪師。

東坡：聽說禪師禪法高超呀！那麼，請問，禪悟是何物？

承皓：請問尊官貴姓啊？

東坡：姓秤，想秤一秤天下長老有多重！

承皓禪師聽後，不動聲色，突然，一聲斷喝，蘇東坡被嚇了一跳。

承皓：請問，這一聲喝，有多重？

蘇東坡啞然無言以對，禮拜而退，羞愧而去。

所以，對名，要看淡點，不認真於名，不執著於名，更不應為名傷身傷心傷魂。為此，我之對名，不爭不占。即便因緣所致，些許的名兒來了，也是正如禪家精髓：來而不迎，去而不送！我始終認為，對名，我要的是減法，而非加法。名之減法，往往會是實之加，而名之加法，往往會是實之減。名在我看來，往往是絆腳石與腐蝕劑呢！

我很欣賞兄弟宗教有關聖徒雖「住在世上但不屬於世間」的說法，那麼，比丘本性，我的住世難道就屬世間嗎？如我過去，或者現在，或者未來，不屬世間，那麼，世間之名於我又是什麼？

我很崇拜道楷禪師，他剃度出家時，於父母面前跪而立誓說：「不為名利，專誠學道，用資九族，苟渝願心，當棄身命。」他開悟後，大闡宗風。帝王感佩，御賜紫金袈裟，封號定照禪師。禪師對此，深謝皇恩，領受其心意，但不接受袈裟與封號。因其不納，帝王再次降旨，他仍不受。帝王生怒，要把他發配淄州。地方官因尊敬他，暗示他可以裝病而得免罰。

地方官：禪師，你患病了嗎？

禪師：沒病！

地方官：聽說你身上有瘡疤？

禪師：現在已經好了。

地方官：你再好好想想，是不是哪裡病啦？

禪師：你心意我領受了，但我不該以妄語求安啊！

地方官無奈，只得遵旨將禪師流放淄州。

我不是道楷禪師，做不了他那麼好，但我不能不向他看齊啊！

當我行文至此，我想到了第十六世教皇的故事：教皇本是終身制。但本篤十六世卻禪讓天下，辭職了。這是教皇體制下六百年來第一個第一次。本篤十六世決心放下捨下大名，不料，反而使之大名更大，足以名垂青史，雖然這不是他所想要的。

35

我的修學觀

如果說，佛教是個錦囊，那麼，囊中的家珍與妙計該如何示人？如何才能讓人真正得到受用？

近年，漢傳佛教之開元禪寺也在認真思考這個問題，並漸而落實於實踐。

我們的思路與做法是：

把弘法的家務與利生的事業分作四大區塊，即修證、教育、文化、慈善。

關於修證，強調終極依歸。倡導禪淨雙修。基礎則是律禪雙修。實際上是律禪淨的三修。佛教首先是宗教，修證事關出世、解脫、生死等宗教問題的解決，是根本大事。

關於教育，強調心靈慰藉。解決身心靈的問題，涉及身體的健康，心理的安和，靈性的純淨。佛教是教育。人格、道德，由教育等養成。

關於文化，強調人文的傳承。佛教是文化，是東方文明尤其中華文明的重要組成部份。

因此，致力傳承，甚至發展，既是責任也是義務。

關於慈善，強調社會關懷。弘揚佛教慈悲濟世的一面，勿忘世上苦人多。佛教是慈善，著力公益是慈悲精神落地人間的重要途徑之一。

在終極依歸上，主要以本山的禪堂與念佛堂為道場，並隨緣設立禪修中心、淨修中心。在禪修上，結合南傳與北傳方法。南傳為基礎，北傳為提升，南傳為漸，北傳為頓。在淨修上，著重於藥師法門、彌陀法門、彌勒法門。

在心靈慰藉上，以禪堂、禪修中心為基礎，隨緣延伸擴展禪功能發揮的空間，使之

社會化，服務於社會人群。如以禪法介入養心養生事業，以禪法應用於心理疾病的療法，以禪法輔助戒毒。使人性淨美，人心柔軟，提升生命品質，創造人生更多幸福，賦予人生更大價值。

在人文傳承上，側重於講經說法，著書立說。建寺安僧，設立相關組織機構。推動佛教文化藝術，以文緣結佛緣，以藝緣結法緣。助力佛教文明不絕、中華文明不衰、東方文明不墜。

在社會關懷上，除了傳統的財力喜捨布施外，還關懷老弱病殘等，尤其注重非營利組織的設立，注重與貧困農村的共生互動。以寺院的品牌人緣優勢，為農村的資源轉化激活尋找出路，推動農村綠色經濟的發展。如：助力帶動農村的文化休閑觀光產業、助力帶動農村有機農業產品的生產開發銷售。

佛教，尤其禪法的中國化，從慧能的理論中國化，到懷海的組織與制度中國化，尚在繼續延伸。慧能精神的要點之一，便是佛法在世間、不離世間覺。強調立足人間、造福人間的重要性。懷海精神之要則是農禪並重。農是禪，禪是農，農禪合一，農禪並重。禪不能廢、農更不能丟。農與禪於不同時空有不同的表現形式，但核心精髓不變。

我們修證、教育、文化、慈善，亦即終極依歸、心靈慰藉、人文傳承、社會關懷……這是對慧能與懷海精神的延續弘揚與實踐。

我曾以如下文字作為開元禪寺的辦教宗旨：

以佛心糾正人心，回歸信仰，

以佛道輔助世道，重建道德。

前面所述，正是此之彰顯呀！

放過自己 海闊天空/禪和尚本性著. -- 初版. --
高雄市：上趣創意延展有限公司, 2020.12
面； 公分. --（本性相見歡系列；2）
ISBN 978-986-91880-6-7（平裝）

1.佛教修持

225.87 109017798

本性相見歡系列 | 02

放過自己，海闊天空

作者 禪和尚 本性
總策畫 佛圖網（www.photobuddha.net）
藝術總監 宓雄
主編 上趣智業（www.summit.cc）
周燕
美術編輯 陳育仙
發行人 李宜君
出版 上趣創意延展有限公司
地址 （80457）高雄市鼓山區中華一路316-2號6樓
電話 （07）3492256
網址 www.summit.cc
郵撥帳號 42321918上趣創意延展有限公司
總經銷 紅螞蟻圖書有限公司
地址 （114）台北市內湖區舊宗路二段121巷19號
電話 （02）2795-3656
傳真 （02）2795-4100
印刷 成陽印刷股份有限公司
出版日期 2021年1月初版一刷
定價 200元

ISBN 978-986-91880-6-7